AUSGEWÄHLTE TEXTE

Herausgegeben von
Hans Christian Meiser

KONFUZIUS

GOLDMANN VERLAG

Der Goldmann Verlag
ist ein Unternehmen der Verlagsgruppe Bertelsmann

Made in Germany · 5/89 · 2. Auflage

Umschlaggestaltung: Design Team München
Satz: Filmsatz Schröter GmbH, München
Druck: Presse-Druck Augsburg
Verlagsnummer: 8442
Lektorat: Sybille Terrahe · UK
Herstellung: Gisela Ernst/Voi
ISBN 3-442-08442-3

Inhalt

Vorwort

Mit fünfzehn Jahren richtete ich meinen Sinn auf das Lernen;
Mit dreißig stand ich fest;
Mit vierzig Jahren war ich von Zweifeln frei;
Mit fünfzig erkannte ich den Willen des Himmels;
Mit sechzig Jahren ward ich hellhörig;
Mit siebzig Jahren folgte ich dem Trieb
meines Herzens, ohne den Weg zu verlassen.

(aus dem Lun-Yü, dem Buch der Gespräche)

Kung-Fu-Tse, dessen latinisierter Name »Konfuzius« auf christliche Missionare in China zurückgeht, gilt heute allgemein als der chinesische Weise schlechthin. Im »Reich der Mitte« selbst wird er seit 1530 von Staats wegen religiös verehrt, obwohl er eigentlich nie mit einer eigenen Lehre, wie etwa Lao-Tse, auftrat, sondern lediglich das Gedankengut des alten China sammelte, ordnete und kommentierte. Am 21. Oktober des Jahres 551 v. Chr. wird Kung-Fu-Tse im Fürstentum Lu auf der Halbinsel Schantung (»Berg des Ostens«) geboren. Sein Vater stammt aus einem alten Geschlecht und war mit siebzig Jahren Stadtkommandant von Tsow, als er die jüngste Tochter eines Adeligen heiratete, ein zwanzigjähriges Mädchen, das die Mutter des großen Gelehrten werden sollte. Im Alter von fünfzehn Jahren begann Konfuzius die klassischen chinesischen Schriften zu lesen, ihre Lehre zu befolgen und überdies andere in eben diesen Lehren zu unterrichten. Bis zu seinem Lebensende soll die Zahl seiner Schüler über dreitausend betragen haben. Mit neunzehn heiratet er. Ein Sohn und eine Tochter werden ihm geboren. Obwohl er nun in der Verwaltung seines Landes tätig ist, läßt seine Lernbegierde nicht nach: 534 v. Chr. läßt er sich im Regierungs- und Staatswesen unterweisen, ein Jahr später in der Musik, 516 v. Chr. kommt es zu der berühmten Begegnung mit Lao-Tse in Anwesenheit einiger Schüler (s. »Ausgewählte Texte – Lao-Tse«), welche Konfuzius begeistert verläßt, obwohl ihm Lao-Tse wohl etwas schulmeisterlich entgegengetreten war. Siebenundvierzig Jahre alt wird Konfuzius Bürgermeister der Stadt Lung-Tu und drei Jahre später ist er Justizminister des Lu-Staates. Mit achtundsechzig kehrt er in seine Heimat zurück und beginnt dort mit dem Verfassen jener Schriften, die ihn als weisen und gerechten Denker auszeichnen und die bis heute Bestandteil der chinesischen Literatur sind.

Diese Klassiker sind einmal das *Shih-King*, eine Sammlung von wunderbaren alten Liedern des chinesischen Volkes, welche hier in Auswahl in der Übertragung des großen deutschen Lyrikers und Übersetzers Friedrich Rückert (1788–1866) wiedergegeben sind; das *Lun-Yü*,

Gespräche des Konfuzius mit seinen Schülern, welche von diesen aufgezeichnet wurden und die – ähnlich den sokratischen Dialogen Platons – den Konfuzius einführen sollen; das *Ta-Hsio*, das die Staats- und Lebensphilosophie des Konfuzius trägt, die sich im vorliegenden Buche in der Kurzform einer freien Übertragung durch den Anthropologen Ludwig Harald Schütz findet; sowie das *Tschōng-Yông*, der »unwandelbare Seelengrund«, das ebenso die Lebens- und Staatsphilosophie auf ethischer Grundlage umfaßt. Es lehrt, wie alle konfuzianischen Werke, daß Weisheit, Güte, Treue, Ehrfurcht und Mut die fünf Eckpfeiler der Tugend sind, welche mit dem Gesetz der Natur harmonieren und gleichzeitig die Basis für ein vernünftiges Zusammenleben der Menschen untereinander bilden. Konfuzius stirbt am 11. April 478 v. Chr., seine »Lehre« jedoch wird erst 399 Jahre nach seinem Tod zur Staatslehre erhoben. Als Zeitgenosse Buddhas arbeitet Konfuzius an der Grundlegung der chinesischen Kultur, doch nicht als Religionsstifter, sondern als Appellant an die gesamte Menschenwelt – mit dem Aufruf, zu sich selbst zurückzufinden, um so die Harmonie des einzelnen mit sich selbst, seiner Mitwelt und der Natur im Gesamt zu finden. Nicht von ungefähr heißt es daher im *Lun-Yü:* »Ich suche einen Heiligen und finde ihn nicht; gelänge es mir, einen edlen Menschen zu finden, es wäre schon viel gewonnen. Ich halte Ausschau nach einem guten Menschen, besitze ihn aber nicht; gelänge es mir einen beharrlichen Menschen zu finden, das wäre schon viel wert. Den Schein pflegen, als besitze man; leer sein und die Fülle vortäuschen; in Bedrängnis sein und so tun, als lebe man in üppigem Frieden: wahrlich hier beharrlich zu sein, ist schwer.«

Der Herausgeber

Tschōng-Yông
der
unwandelbare Seelengrund

Vorwort des Gelehrten Tschhing-tsè

Der Gelehrte *Tschhing-tsè* sagt:
Tchōng (allgemein betrachtet) ist das, was sich nicht neigt und was nicht abweicht, was untrüglich, unzweifelhaft ist, die Wahrheit.
Yông ist das, was sich nicht ändert, das Unwandelbare und Unveränderliche, das Ewige.
Hier (im religiös-philosophischen Betracht) ist:
Tschōng das im Universum sich uns manifestierende wahre *Táo* (Gottheit).
Yōng das im Universum sich uns manifestierende ewige unwandelbare *Lỳ*.
Dieses Buch gibt uns Aufschluß über die Gesetze und Vorschriften, durch welche wir, nach der Lehransicht der Schule des Konfuzius, Geist und Herz bilden und zur höchsten Vortrefflichkeit hinführen können.
Tsè-ssē, der fürchtete, daß die nur traditionelle Lehre im Laufe der Zeit durch Irrtümer entstellt werden könnte, schrieb diese Doktrin nieder und übergab die Schrift dem *Méng-tsè*.
Dieses Buch spricht zuerst von dem *Einen*, dem *Lỳ*, dem ewigen Geist Gottes, der ausströmend alle Dinge schuf, die endlich allesamt in der Rückbildung zur Einheit wieder das *Eine*, das *Lỳ*, der ewige Geist Gottes werden.

Denn in seiner Ausbreitung, da erfüllt und umfaßt das *Lỳ* alle Teile der Welt.
Und in seinem Für-sich-sein, da ist es das still und geheim im Verborgenen waltende Reingeistige.
Der Genuß, den das Buch gewährt, ist grenzenlos für alle, die es wahrhaft studieren.
Wer es in rechter Weise studiert, mit Fleiß, Mühe und Bedachtsamkeit, der wird sich den herrlichen Inhalt zu eigen machen können. Aber, wenn man das Buch auch bis an das Ende seines Lebens benutzt, so wird man doch nie dahin gelangen, den tieferen Sinn vollständig zu durchdringen!

Erstes Kapitel

§ 1. Vom Himmel wurde dem Menschen die Mitgabe des göttlichen Geistes, dadurch wurde seine Natur zur göttlichen Natur erhoben.
Das also, was in unserer Natur in Übereinstimmung mit jener Mitgabe des Himmels ist, wird das *Táo* (das Göttliche) genannt.
Und richten wir unsere Gedanken darauf, das *Táo* kennenzulernen, und in uns zur Klarheit zu bringen, so heißt das *Religion*.
§ 2. Das *Táo* aber ist es ja, das nicht für einen Augenblick von uns getrennt gedacht werden kann, denn könnte es getrennt gedacht werden, so entspräche dies der wahren *Táo*-Idee nicht.

Darum prüft der Weise mit um so größerer Aufmerksamkeit sein inneres Seelenleben, obschon er dies nicht sehen kann, und forscht mit Eifer und Sorgfalt nach demselben, obschon er seiner Sinneswahrnehmung sich entzieht.

§ 3. Das also, was wir nicht mit den Augen sehen können, das Verborgene, Unsichtbare,
das also, was wir nicht mit den äußeren Sinnen wahrnehmen können, das Unkörperliche, Immaterielle,
das ist es demnach, was der Weise mit so großer Aufmerksamkeit prüft, d. h. sein eigenes Inneres, seine tiefsten Herzensregungen, die ihm allein bekannt sind.

§ 4. Sind in der Seele Freude und Lust, Zorn und Ärger, Trauer und Schmerz, Ergötzen und Vergnügen noch nicht erweckt, noch nicht zum Ausbruch gekommen, so heißt das – *Tchōng* (der Seelengrund).

Wofern aber die Gefühle und Herzensregungen zwar bereits erwacht und zum Ausbruch gekommen sind, doch vollständig von Vernunft und Willenskraft in Schranken gehalten werden, so nennt man das die *Harmonie* der Seele.

§ 5. Das aber, was wir *Tchōng* (den *Grund* der Seele) genannt haben, das ist auch des Universums erhabener Urgrund *(Wurzel)*.

Das, was wir Harmonie genannt haben, das ist auch das die ganze Welt durchdringende und durchleuchtende *Táo* (das *Göttliche*).

Wenn wir dahin gelangen können, die Begriffe dieses Urgrundes *(Tchōng)* und dieser Harmonie in ihrer vollen Majestät zu fassen; dann würden wir wahrhaft ihn erkennen, der Himmel und Erde geschaffen hat und regiert, dann würden wir wahrhaft ihn erkennen, der alle Kreaturen belebt und erhält.

Zweites Kapitel

Tschōng-nŷ (d. i. Konfuzius) sagt:

§ 1. Das Kriterium des Weisen ist nun, daß er unwandelbar an diesem ewigen Seelengrund festhält,

während der Tor dem ewigen Seelengrund widerstrebt.

§ 2. Denn hat der Weise erst diesen seinen Seelengrund als das Ewige und Unveränderliche erkannt, so wird er auch für alle Zeiten auf das Göttliche, was in ihm selbst ist, auf diesen tiefsten Seelengrund sorgsam achten.

Die Toren aber, obgleich sie auch das Göttliche in sich tragen, diesen unwandelbaren Seelengrund haben, die Toren haben weder Acht darauf, noch Sorge darum.

Drittes Kapitel

Der Meister sagt:
»Leider wird für sehr lange Zeit hinaus nur ein sehr kleiner Teil der Menschen im Stande sein, den unwandelbaren Seelengrund – *Tchōng-yông* – zu erkennen, und aus dieser Erkenntnis die letzten Konsequenzen zu ziehen.«

Viertes Kapitel

Der Meister sagt:
§1. »Warum aber nicht im *Táo* gewandelt wird, das weiß ich wohl.«
»Die Wissenden, die fehlen dagegen, und die Unwissenden bekümmern sich nicht darum.«
»Warum aber das *Táo* nicht deutlich erkannt wird, das weiß ich wohl.«
»Die Begabteren, die machen sich einen falschen (übertriebenen) Begriff davon, und die Nichtbegabten, die kümmern sich gar nicht darum.«
§2. Denn die Menschen essen und trinken zwar alle, aber nur sehr wenige kennen den Geschmack.

Fünftes Kapitel

Der Meister sagt:
»Das sind die Gründe, weshalb leider nicht im *Táo* gewandelt wird.«

Sechstes Kapitel

Der Meister sagt:
»Wißt ihr, worin sich die Weisheit des Kaisers *Schún* am deutlichsten gezeigt hat?«
»*Schún* frug in ernsten Dingen gern andere um ihre Ansicht, und erwog dabei sehr genau die Worte seiner Umgebung.«
»Er überging dann das Irrige und Unrichtige mit Stillschweigen, das Gute und Vortreffliche aber lobte er laut und verstand, dies ins rechte Licht zu setzen und hielt fest dann an *der* Ansicht, die nach seiner sichern und untrüglichen Überzeugung die rechte und gute war.«
»Auf solche Art machte er das *Tchōng* (die göttliche Wahrheit, die ihm in den Grund der Seele geschrieben war) für das Wohl seines Volks verwendbar.«
»Das war es, was ihn so hoch stellte, und ihm den Ehrennamen *Schún* (der Weise und Wohlwollende) erwarb.«

Siebentes Kapitel

Der Meister sagt:
»Wenn aber ein Mensch gewöhnlichen Schlags sagt: Ich kenne es (das *Táo*), so findet er sich doch sehr bald entlarvt, indem er sich in unzählige Wirrsale verstrickt, aus denen er sich trotz seiner List und Schlauheit, trotz seiner Ränke und Sophismen, nicht herausfinden kann, er stürzt in die Fallgrube, aus der er nicht zu entkommen weiß.«
»Und wenn ein Mensch gewöhnlichen Schlags sagt: Ich kenne es (das *Táo*), ich habe mich der ewigen Wahrheit, dem *Tchōng-yông*, dem unwandelbaren Urgrund zugewendet, so ist er doch nicht einen Monat lang im Stande, seinem Vorsatz treu zu bleiben.«

Achtes Kapitel

Der Meister sagt:
»*Hoeȳ* aber, ja das war ein *Mann*! Er hatte sich der ewigen Wahrheit, dem *Tchōng-yông*, dem unwandelbaren Urgrund der Seele so zugewendet, daß ihm dadurch das *eine Gut*, die himmlische Tugend zu eigen wurde, und diese hielt er mit der ganzen Kraft seiner Seele so unerschütterlich fest, daß er sie Zeit seines Lebens nicht wieder verlor.«

Neuntes Kapitel

Der Meister sagt:
»Und ob man auch das Weltenreich mit voller Kraft und Gerechtigkeit regieren könne«,
»und ob man auch die Energie hätte, hohe Würden und Reichtümer zurückzuweisen«,
»und ob man auch die Unerschrockenheit besäße, gezückten Schwertern sich entgegenwerfen zu können«,
»so ist man darum doch nicht im Stande, sich der ewigen Wahrheit, dem *Tchōng-ŷong* unerschütterlich zuzuwenden.«

Zehntes Kapitel

§ 1. Der Schüler *Tsè-loù* fragte darauf, wie muß denn dann die Kraft und der Mut beschaffen sein?
§ 2. Der Meister antwortet:
»Meinst du den Mut und die Kraft der Südländer?«
»Oder meinst du den Mut und die Kraft der Nordländer?«
»Oder endlich meinst du den Mut und die Kraft, die du, mein Jünger, haben sollst?«
§ 3. Die *Sanftmut* und *Großmut*, mit welcher sie die Religion lehren,

der *Gleichmut*, mit welchem sie denen begegnen, welche nicht im *Táo* leben, das ist der Südländer Mut und das ist der, welcher dem Weisen inwohnt.

§4. Der *Heldenmut*, welcher sie veranlaßt, Tag und Nacht die Schutz- und Trutzwaffen nicht abzulegen, der *Todesmut*, der ihnen lehrt zu sterben, aber sich nicht zu ergeben, das ist der Nordländer Mut, der dem Braven, dem Helden innewohnt.

§5. Daher wird der wahre *Weise* beide in sich vereinigen, und nie schwankend und haltlos werden. Er vereinigt die höchste Seelenstärke und Charakterfestigkeit. Unerschütterlich fest steht er zur ewigen Wahrheit, die in ihm ist *(Tchōng)*, und nichts kann ihn veranlassen, sich von ihr zu wenden, da er die höchste Seelenstärke und Charakterfestigkeit in sich vereint.

Wenn nun das Land, in dem er weilt, mit dem *Táo* ist, so wird er nicht versucht werden, seinen gediegenen und wahren Charakter zu ändern, er wird sich unangefochten seine Seelenstärke und Charakterfestigkeit bewahren können.

Aber auch wenn das Land nicht mit dem *Táo* ist, selbst wenn er dem Tod ins Angesicht schauen muß, so ändert auch dies nicht seine Seelenstärke, seine Charakterfestigkeit.

Elftes Kapitel

Der Meister sagt:
§ 1. Das Verborgene, Geheimnisvolle, Übernatürliche und Rätselhafte zu ergründen suchen, nur um Seltsames und Wunderbares zu tun, die Nachwelt von mir reden zu machen, und sie veranlassen, das Wunderbare zu glauben, das ist entschieden nicht meine Sache.
§ 2. Denn der Weise folgt genau der Führung des *Táo* (den Geboten Gottes) und seine Handlungen und Lehren sind in Übereinstimmung mit dem Mandat des Táo.
Dieser Lehre teilweise einen glänzenden Anstrich zu geben, und sie dadurch zu korrumpieren, das bin ich ganz entschieden nicht fähig.
§ 3. Denn der Weise stützt sich auf die ihm innewohnende ewige und unveränderliche Wahrheit – *Tchōng-yông*.
Darüber, daß diese der Mitwelt entgeht, daß sie verkannt wird, nicht unwillig zu werden, ist nur dem Heiligen möglich.

Zwölftes Kapitel

§ 1. Das *Táo,* wie es der Weise erkennt, ist aber, indem es in seiner unermeßlichen Fülle allüberallhin reichen Segen spendet, deutlich erkennbar, und dennoch in seiner Übernatürlichkeit geheimnisvoll und unsichtbar.

§ 2. Daher können alle Menschen (Mann wie Frau), ob sie auch geistig beschränkt sind, doch vom *Táo* Wissen haben, aber um es vollkommen zu begreifen, dazu fehlt es selbst dem Intelligentesten an Erkenntnis.

Alle Menschen (Mann wie Frau), auch die Nichtbegabten, sind doch fähig, den Geboten des *Táo* gehorsam zu sein (im *Táo* zu wandeln), aber dies vollkommen auszuführen, dazu fehlt selbst dem Intelligentesten die Fähigkeit.

Denn die Größe und Erhabenheit des Universums gibt allen Menschen, wer und wie sie auch sein mögen, das Gefühl des Staunens und der Bewunderung und beim Vergleich mit demselben das Gefühl der eigenen Unwürdigkeit und Ohnmacht.

Der Weise aber nennt das *Táo* unermeßlich, weil auf Erden niemand im Stande ist, es in seiner ganzen Herrlichkeit zu erfassen, und wiederum nennt er es das Höchstsubtile, weil in der Welt niemand im Stande ist, es wahrzunehmen.

§ 3. Das Liederbuch sagt:

Wie der Phönix sich auf zum Himmel schwingt,
Wie der Fisch in unermeßliche Tiefen dringt.

Die Worte symbolisieren, daß das *Táo* eben sowohl droben im Himmel, wie hienieden auf Erden ist und in beiden Wesenheiten erforscht werden soll.
Die Idee, die sich der Weise vom *Táo* macht, umfaßt also ebensowohl die Prinzipien für die richtige Handlungsweise der Menschen (Mann wie Frau), als auch im höchsten Begriffe die Erkenntnis der göttlichen Natur.

Dreizehntes Kapitel

Konfuzius sagt:
§ 1. »Das *Táo* ist daher (zunächst) nicht als vom Menschen getrennt zu betrachten, denn wenn sich die Menschen eine *Táo*-Idee bilden, in der Voraussetzung, daß das *Táo* dem Menschen fern stehe, so ist dies entschieden nicht die rechte *Táo*-Idee.«
§ 2. Das Liederbuch sagt:
»Da man, um den Stiel für die Axt zuzurichten, von dem zugerichteten Axtstiel Gebrauch macht, so ist für jenen das Vorbild nicht fern«, –
weil man ja diesen, den zugerichteten Axtstiel zur Hand nehmen muß, um jenen, den Stiel der Axt zuzurichten.

Da man aber nach ihm hinblicken, ihn äußerlich von allen Seiten betrachten muß, so läßt sich immerhin sagen, er sei (relativ) fern.
Daher hat der Weise, der als Mensch die Menschen bilden und leiten soll, nichts weiter zu tun, als durch den Menschen (sich selbst) die Menschen zu bessern, zu veredeln, zu vervollkommnen. Wenn er die Menschen aus sich selbst veredelt hat, so ist sein Werk getan.
§ 3. Denn Rechtschaffenheit, Aufrichtigkeit, Treue, Wahrheit – (Wohlwollen) Liebe und der Wille, andere so zu behandeln, wie wir wünschen, daß man uns begegne, sind das Korrelat des nicht fernen (immanenten) *Táo*.
Dies resümiert sich in dem Satze:
»Was wir nicht wünschen, das man uns tue, das sollen wir auch andern nicht zufügen.«
§ 4. Und hiernach enthält das *Táo* des Weisen *vier* Symbole, von denen Ich (Konfucius) noch nicht fähig bin, *eines* streng zu befolgen;
»Was man vom *Sohne* verlangt, daß er dem *Vater* ehrerbietig gehorche – das bin ich noch nicht zu erfüllen im Stande.«
»Was man vom *Untertan* verlangt, daß er dem *Fürsten* ehrfurchtsvoll diene – das bin ich noch nicht zu erfüllen im Stande.«
»Was man vom *jüngeren Bruder* verlangt, daß er dem *ältern* bescheiden nachgebe – das bin ich noch nicht zu erfüllen im Stande.«
»Was man vom *Freund* und *Altersgenossen* verlangt, daß

er dem *Freund* und *Genossen* überall den Vorrang lasse – das bin ich noch nicht zu erfüllen im Stande.«
Aber unser Streben muß dahin gerichtet sein, daß unsere Handlungen unwandelbar der himmlischen Tugend, daß unsere Reden der innern Wahrheit entsprechen.
Sind wir noch nicht moralisch erstarkt, so sollen wir doch nicht einen Augenblick in unsern Bemühungen und Anstrengungen ermüden, um dies hohe Ziel zu erreichen; und
halten wir uns für hinreichend oder mehr als hinreichend im Guten erstarkt, so sollen wir dennoch nie aufhören, weiter zu streben; so daß wir unausgesetzt unsere Reden mit unsern Handlungen und unsere Handlungen mit unsern Reden in Übereinstimmung wissen.
Denn der Weise *erschlafft* sicherlich nie in dem Bestreben, die Tat durchs Wort, das Wort durch die Tat zu bewahrheiten.

Vierzehntes Kapitel

§1. Der Weise ist immer mit seiner Lebensstellung zufrieden und tut darin seine Pflicht, er sehnt sich nie über seinen Stand hinaus.
§2. Ist er reich und vornehm, so tut er, was einem Reichen und Vornehmen zukommt; ist er arm und

gering, so tut er, was einem Armen und Geringen geziemt.
Ist er in einer behaglichen und sorgenfreien Stellung, so wird er diese behagliche und sorgenfreie Stellung zu schätzen wissen; ist er in einer bedrängten und sorgenvollen Lage, so wird er sich auch in die bedrängten und sorgenvollen Verhältnisse zu finden wissen.
Der Weise kann nie in eine Lage kommen, in der er nicht volle Zufriedenheit fände, die er nicht genügend auszufüllen verstände, in der er nicht vollkommen er selbst (d. i. der Weise) bliebe.
§ 3. Ist er in einer hohen Stellung, so wird er sie nicht mißbrauchen, seine Untergebenen weder bedrücken, noch unwürdig behandeln.
Ist er in einer bescheidenen und niedrigen Stellung, so wird er nicht um die Gunst der Hohen buhlen, nicht eitel nach Rang und Würden streben.
Er sucht nur sich zu vervollkommnen, aber er bettelt nicht um die Gunst der Menschen. Daher klagt er auch niemand an. Weder grollt er dem Himmel droben, noch schmäht und haßt er die Menschen hienieden.
§ 4. Daher wird der Weise ruhig in seiner Stellung bleiben und sie ganz ausfüllen; um sie zu verändern, erwartet er den Willen der Vorsehung.
Die gemeine Menge dagegen scheut auch den gefahrvollen Weg (des Lasters) nicht, um zu dem zu gelangen, was sie Glückseligkeitszustand nennt.
§ 5. Der Meister sagt:
»Der Weise dagegen hat Ähnlichkeit mit dem Bogenschützen. Verfehlt er das rechte Ziel, so weiß er, daß

dies nur an ihm selbst liegt und versucht danach den Fehler zu verbessern.«

Fünfzehntes Kapitel

§ 1. So ist auch das *Táo*, welches der Weise zu erreichen sucht, wie ein Fernziel, auf welches wir zugehen, zu betrachten; gewiß müssen wir, um solches zu erreichen, von dem Nahepunkt (dem Punkt, wo wir *selbst* stehen) ausgehen.
Oder wir betrachten es als eine Höhe, zu der wir hinaufgelangen wollen, zuverlässig müssen wir dann von da, wo wir *selbst* stehen, vom Fußpunkt ausgehen:
§ 2. Das Liederbuch sagt:
»Wenn die Frau die Eintracht liebt, dann ist die Ehe dem Wohlklang zweier lieblich zusammentönender Instrumente vergleichbar; wenn aber die Brüder miteinander in Liebe und Freundschaft leben, so gewährt solche wohltuende Harmonie Freude und Ergötzung; dann ist Friede, Eintracht und Übereinstimmung in der ganzen Familie fest begründet, dann erstreckt sich die freudige Harmonie von der Mutter bis zu den Kindern und Kindeskindern.«
§ 3. Der Meister sagt:
»O, den Eltern freudig gehorchen, ihnen in allem zu Willen sein, das ist wohl jenes Nächste, der Anfangs-

punkt, von dem aus wir zum Höchsten geführt werden. Nicht?«

Sechzehntes Kapitel

Konfuzius sagt:

§ 1. Der dem Menschengeist immanente Gottesgeist ist es, der die göttliche Tugend in uns bewirkt durch seine segensreiche Überfülle.

§ 2. Obschon wir ihn nicht sehen, so werden wir doch (durch geistiges Schauen) seiner gewahr; obschon wir ihn nicht hören, so vernehmen wir doch seine Stimme, denn er ist ewig und unzertrennbar mit allen Menschen vereint.

§ 3. Er bewirkt, daß alle Menschen der Welt sich bessern, intelligent werden, sich vervollkommnen können, sich und andere zur Pflicht und zum Gehorsam gegen seine Gebote anhalten, indem sie eine immer größere und innigere Vereinigung erstreben.

Denn er ist *überall*, wie er oben *weit über uns* ist, so ist er auch links und rechts stets *um uns*.

§ 4. Das Liederbuch sagt:

»Des Himmelsgeistes Vollkommenheit und Weisheit und Allerdurchdringung – bedenke, ist unberechenbar – bedenke, und noch weit mehr unerreichbar – bedenke!«

§ 5. *Jenem* aber, das für unsere Sinne unfaßbar ist und

dennoch in himmlischem Glanze und unendlicher Glorie strahlt, durch die *innere Wahrheit,* die nichts unenthüllt läßt, näher zu treten, das eben ist es, dem wir zustreben sollen.

Siebzehntes Kapitel

Der Meister sagt:
§1. *Schún's* eminente Pietät muß fürwahr uns mit Bewunderung erfüllen. Das war die Tugend, die ihn zum vorzüglichsten Menschen machte.
Dadurch, daß er sie verehrte, wurde er Kaiser (des Himmels Sohn), und ihm wurde der Besitz des Weltreichs (was die vier Meere umschließen) zuteil.
Dadurch, daß er seinen Vorfahren Tempel weihte und ihnen Opfer darbrachte, wurde diese Sitte auch von seinen Nachkommen beobachtet und heilig gehalten und bewahrten diese somit auch sein Gedächtnis und verehrten auch ihn.
§2. Sicherlich war seine eminente Tugend die Ursache, daß er die höchste Würde erlangte,
sicherlich wurde ihm durch sie des Glückes reichster Segen zuteil,
sicherlich erlangte er durch sie, daß sein Name hochgeehrt und gepriesen wurde,
sicherlich erreichte er durch sie ein hohes Lebensalter.
§3. Denn der Himmel, der alle Kreaturen schafft und

belebt, influiert zuverlässig auch auf ihre Qualitäten und Geistesfähigkeiten und gibt dem aufwärtsstrebenden Menschengeist Kraft und Macht.

Das heißt, was sorglich gepflanzt und gut gepflegt worden ist, dem gibt er Gedeihen, was abgehauen ist, das verrottet und verwittert.

(Oder ohne Bild: Wer sich ihm, dem Himmel zuwendet, der wird gesegnet, wer sich von ihm abwendet, wird vernichtet werden.)

§4. Das Liederbuch sagt:

»Hoch und glücklich gepriesen sei der weise Regent, der durch seine hehre Tugend Herrscher und Gesetzgeber wurde.«

»Er wird seinem Volke gerecht werden, er wird allen Menschen gerecht werden, denn er empfing ja seine Bestallung vom Himmel, der ihn behütet und leitet, und der ihm seinen Willen kundgibt, welchen er, als direkt vom Himmel empfangen, die Seinigen beglükkend, nur weiterzugeben braucht.«

§5. Denn dem mit hehrer Tugend Begabten ward sicher des Himmels Willen kund, und er erhielt durch ihn das Reich.

Achtzehntes Kapitel

Der Meister sagt:

§ 1. Wenn es jemals einen Weisen gab, dessen Leben durch nichts beunruhigt und bekümmert wurde, so war dies allein *Wên-wâng*; da er *Wâng-ký* zum Vater und *Wù-wâng* zum Sohne hatte; denn was sein Vater Vortreffliches ins Werk gesetzt hatte, das wurde vom Sohne vollendet.

§ 2. Ja! *Wên-wâng* vollbrachte, was seine Ahnherren *Taý-wâng*, *Wâng-ký* und *Wên-wâng* begonnen hatten. Nur ein einziges Mal legte er die Kriegsrüstung an und *sein* war das Reich.

Ihm konnte es nicht fehlen, daß die Welt seinen Namen verherrlichte.

Dadurch, daß er die Tugend verehrte, wurde er Kaiser (der Himmels Sohn). Ihm wurde der Besitz des Weltreichs (was die vier Meere umschließen) zuteil.

Dadurch, daß er seinen Vorfahren Tempel weihte, und ihnen Opfer darbrachte, wurde diese Sitte auch von seinen Nachkommen beobachtet und heilig gehalten und bewahrten diese somit auch sein Gedächtnis und verehrten auch ihn.

§ 3. *Wù-wâng* stand zwar schon am Ende seiner Jahre, als ihm des Himmels Willen kund wurde und er durch ihn das Reich erhielt, aber (sein Bruder, der Regent) *Tcheoû-kūng* vollendete, was die erhabene Tugend des *Wên-wâng* und *Wù-wâng* begonnen hatte, und um sie in Vollkommenheit erscheinen zu lassen, bestimmte er, daß ihre (gemeinsamen) Vorfahren, die Fürsten *Taý-wâng* und *Wâng-ký*, als Kaiser betrachtet werden sollten, und opferte ihnen daher in solennester Weise, indem er sich des kaiserlichen Rituals bediente.

Und analog diesem Ritual wurde für alle Fürsten und Großwürdenträger bis zu den einfachen Beamten und bis hinab zum Volke festgesetzt, daß wenn (z. B.) der Vater Großwürdenträger gewesen, der Sohn dagegen einfacher Beamter sei, jener als Großwürdenträger beerdigt, und dieser ihn als einfacher Beamter ehren und als solcher Opfer bringen soll; wenn dagegen umgekehrt der Vater einfacher Beamter gewesen war, der Sohn aber Großwürdenträger sei, so solle jener als einfacher Beamter beerdigt werden, der Sohn dagegen ihn in der Weise verehren und ihm solche Opfer darbringen, wie sie dem Großwürdenträger zustehen.

Die einjährige Trauer soll sich bis zu den Großwürdenträgern erstrecken, die dreijährige von diesen bis zum Kaiser.

In bezug aber auf die Trauer für Vater und Mutter gibt es weder vornehm noch gering, sondern nur *eine* (die dreijährige) Trauer.

Neunzehntes Kapitel

Der Meister sagt:

§ 1. Es muß in der Tat unsere höchste Bewunderung erregen, daß *Wù-wâng* und *Tscheoû-kūng* die Pietät in so hellglänzendes Licht stellten, so bedeutenden Wert darauf legten, so verbreiteten und der Nachwelt überlieferten.

§ 2. Denn diese Pietät ist das vorzüglichste Mittel, der Menschen Willen, Absichten, Neigungen in einen Willen zu vereinigen, und die schönste Weise, den Angelegenheiten der Menschen guten Fortgang zu geben, alles, was der Menschen Wohl betrifft, gut einzurichten.

§ 3. Im Frühjahr und Herbst schmückten sie neu die Halle der Vorfahren, stellten die Ahnentafeln, die Insignien und Würdezeichen der Ahnen auf, legten die Prachtgewänder, welche die Vorfahren getragen hatten, aus und setzten die den Jahreszeiten entsprechenden Speisen auf.

§ 4. Das war der Kultus in der Halle der Vorfahren, dadurch entstand aber auch, und zwar zunächst durch die Einrichtung, daß bei den feierlichen Gelegenheiten die dem Kaiser zunächst Verwandten *links*, die entfernter Verwandten *rechts* sitzen sollten, die Nobilitätsgradation, d. h. die Einteilung in Fürsten und Volk, in vornehm und gering.

Die verschiedenen Verrichtungen und Dienstleistungen bei den Feierlichkeiten ergaben aber auch die

Amtsgradation, und da hierbei (nur) Talent, Intelligenz, Tugend und moralischer Wert den Unterschied bedingten, so konnte, wer immer aus der Menge, wenn geistig angeregt, vom Untersten bis zum Obersten aufsteigen, und so erstreckte sich die Möglichkeit, Amt und hohe Würden zu erlangen, bis zu den Geringsten.

Endlich wurde auch für alle die, welche kein öffentliches Amt bekleiden, die Rangordnung und zwar nach der Weiße der Haare, d. i. nach dem Lebensalter bestimmt, wonach auch bei Nichtgraduierten der Ältere vor dem Jüngern den Vorrang haben sollte.

§5. Da sie nun (die genannten beiden Fürsten) ins Werk setzten, was ihre Vorfahren eingerichtet hatten, *den* Kultus heilig hielten, den jene geheiligt, die Hymnen anstimmten, die jene Vorfahren gesungen hatten, endlich den Verstorbenen dieselben Dienste leisteten und dieselben Huldigungen darbrachten, die sie den noch Lebenden geleistet, für die Dahingeschiedenen ebenso kindlich gesinnt und willfährig sich zeigten, wie sie für dieselben besorgt gewesen waren, da jene noch bei ihnen geweilt hatten, so ist solches Benehmen wohl mit Recht als der höchste Grad der kindlichen Pietät zu betrachten.

§6. Durch den Ritus, von welchem wir beim Himmel- und Erdenopfer Gebrauch machen, dienen wir dem höchsten Herrn im Himmel, während wir durch den Ritus, den wir im Ahnensaal feiern, unsern Vorfahren Opfer darbringen.

Wer aber vollständig den Zweck und Inhalt der hohen

Feierlichkeiten und Herrlichkeit, mit welcher dem höchsten Herrn des Himmels – das Himmels- und Erdenopfer dargebracht wird, klar durchschaut und wer den rechten, wahren und tiefen Sinn der den Vorfahren im Ahnensaal dargebrachten Frühlings- und Herbstopfer ganz versteht und durchführt, für den ist auch das Regieren einer Nation so klar und leicht, als wenn ihm die Grundsätze desselben auf die flache Hand gezeichnet wären.

Zwanzigstes Kapitel

§ 1. *Ngaȳ-kūng* frug darauf den Konfuzius nach den Grundlehren der Regierungskunst.

§ 2. Der Meister antwortete: Die Grundlehren der Regierungsweise des *Wên-wâng* und *Wù-wâng* sind uns zwar auf den Bambustafeln als Dokumente aufbewahrt, aber nur so lange als jene Menschen selbst lebten, blühte auch ihre Regierungskunst. Jene Männer sind nicht mehr und so hat mit ihnen ihre Regierungskunst aufgehört zu sein.

§ 3. Denn des Menschen *Táo* (göttliche Kraft) zeigt sich in seiner weisen Regierung, wie der Erde *Táo* (göttliche Kraft) sich in ihrem Erblühen zeigt. Die Regierungskunst entfaltet sich daher in ähnlicher Weise wie Schilf und Rohr am Strande des Wassers.

§ 4. Das heißt die Art und Weise der Regierung liegt im

Menschen selbst und man beherrscht die Menschen, wie man sich selbst beherrscht.

Zunächst strebe man also danach, sich selbst in der Tugend zu vervollkommnen, so wird man dadurch das *Táo* erhalten, hat man durch Vervollkommnung seiner selbst das *Táo* erhalten, so wird uns Humanität durchdringen.

§5. Die *Humanität* ist also das wahrhaft Menschliche im Menschen, sie ist es, welche die Verwandten- und Nächstenliebe zu einem allgemeinen Prinzip vergrößert.

Die *Gerechtigkeit* gegen alle aber, das ist die Pflicht des Menschen, die wahrhaft Tugendhaften und Edlen hochzuachten, sie ist es (in extenso), welche diese Hochachtung zu einem allgemeinen Prinzip vergrößert.

Die Bewahrung der Verwandten- und Nächstenliebe in ihren Abstufungen in Verbindung mit der Hochachtung der Tugendhaften und Edlen, je nach dem Grad der Vollkommenheit, den sie in der Tugend, daher in der Würde erlangt, läßt das soziale Leben zu gedeihlicher Entwicklung kommen, oder läßt die Gesetze der guten Sitte, der sozialen Ordnung, der feierlichen und der religiösen Gebräuche ins Leben treten.

§6. Denn wer hienieden einen Thron innehat, und er hat ihn nicht durch des Höchsten Gnade erhalten, durch den kann das Volk doch wahrlich nicht weise regiert werden.

§7. Daraus folgt, daß es für den weisen Regenten unumgänglich erforderlich ist, daß er zunächst sich selbst in der Tugend vervollkommne; ist er darauf bedacht gewesen, sich zu vervollkommnen, so wird er zuversichtlich den Seinen in Liebe und Treue dienen, ist er darauf bedacht gewesen, den Seinen in Liebe und Treue zu dienen, so wird er zuversichtlich die Menschen kennen, und kennt er die Menschen, dann kennt er zuversichtlich den Himmel . . .

§ 8. Durch das die Welt durchdringende *Táo* sind *fünf* unveränderliche Pflichtverhältnissse gegeben, und wodurch wir in den Stand gesetzt werden, ihnen gemäß unsern Wandel einzurichten, das sind *drei* Kleinode.

Die Pflichtverhältnisse sind:

1. die Relation zwischen *Regent* und *Untertan*.
2. Die Relation zwischen *Vater* und *Sohn*.
3. Die Relation zwischen *Gatten* und *Gattin*.
4. Die Relation zwischen *älterem* und *jüngerem Bruder*.
5. Die Relation zwischen *Freund* und *Freund*.

Das sind die fünf Pflichtverhältnisse, die durch das die Welt durchdringende *Táo* gegeben werden; und *Erkenntnis, Menschenliebe* und *Seelenstärke,* das sind die drei Kleinode, die aus der, die Welt durchdringenden himmlischen Tugend resultieren. Die *eine* Tugend aber ist es, die alle Tugenden umfaßt, alle Pflichtverhältnisse bedingt.

§ 9. Ob wir diese von Natur kennen, durch unmittelbare Eingebung, oder sie durch Studium und Erziehung kennengelernt, oder aber sie durch unendliche

Mühe, Sorge und rastlose Anstrengung kennenlernen; jedenfalls muß unser Streben dahin gerichtet sein, sie, die *Eine*, die himmlische Tugend kennen zu lernen. Sei es, daß wir gewissensruhig und unangefochten in ihr wandeln, sei es, daß wir, weil wir die Glückseligkeit ihres Besitzes kennengelernt, in ihr wandeln, oder sei es, daß wir mit Aufbietung aller Kraft in ihr zu wandeln suchen, jedenfalls muß es unser Streben sein, alle Kraft aufzubieten, um in ihr, der *Einen*, der himmlischen Tugend unausgesetzt wandeln zu können.

§ 10. Der Meister sagt:

»Wer gern lernt, der ist der *Erkenntnis* nicht fern.«

»Wer das, was er gelernt hat, gut verwendet, ist der *Humanität* nicht fern.«

»Wer erröten kann (Ehrgefühl besitzt), der ist der *Seelenstärke* nicht fern.«

§ 11. Wer aber diese drei kennt, der weiß auch, auf welche Weise er sich in der Tugend vervollkommnen kann, und wer versteht, sich zu vervollkommnen, der versteht auch andere Menschen zu leiten, und wer die Menschen zu leiten versteht, der ist auch im Stande, das Weltreich zu regieren.

§ 12. Wer immer aber das Weltreich regieren will, für den existieren *neun* unabweisliche Richtschnuren. Diese heißen:

1. Sich selbst in der Tugend vervollkommnen.
2. Die Tugendhaften und Edelgesinnten ehren.
3. Die Verwandten herzlich lieben.
4. Die Staatsminister respektieren.

5. Die Staatsregierung so organisieren, daß sämtliche Beamte der Einheitsleitung entsprechen.
6. Das Volk wie seine Kinder behandeln.
7. Industrie und Kunst begünstigen.
8. Zuvorkommenheit gegen Fremde zeigen.
9. Die großen Vasallen sich auf alle Weise, durch Aufmerksamkeit und Rücksichtnahme, verbindlich machen und sie an sich fesseln.

§ 13. Denn

1. Wenn der Regent sich selbst vervollkommnet in der Tugend, so wird er fest im *Táo* stehen.
2. Ehrt er die Tugendhaften und Edelgesinnten, so wird er keine Irrtümer begehen.
3. Liebt er seine Verwandten herzlich und aufrichtig, so werden seine Verwandten (Onkel und Brüder) auch nicht gegen ihn sein, ihm nicht grollen, oder übelwollen, oder ihn hassen.
4. Respektiert er die Staatsminister, so werden sie ihn aufrichtig unterstützen, und sich fernhalten von Ränken und Arglist.
5. Versteht er die Staatsregierung so zu organisieren, daß sämtliche Beamte der Einheitsleitung entsprechen, so werden sich die Beamten angelegen sein lassen, mit Sorgfalt und Aufmerksamkeit dahin zu streben, daß die Prinzipien der staatlichen Einrichtungen, Sitten und Kultus aufrecht erhalten werden.
6. Wenn er das Volk wie seine Kinder behandelt, so werden alle gern Rat annehmen und sich freudig seinen Anordnungen fügen.

7. Wenn er Kunst und Industrie begünstigt, so wird dem Lande Wohlstand und Reichtum nie fehlen.
8. Wenn er Zuvorkommenheit gegen Fremde zeigt, so werden sie von allen Seiten herbeikommen, um Friede und Einigkeit zu befestigen.
9. Wenn er sich den großen Vasallen auf alle Weise verbindlich zeigt, so werden sie dem Reiche ehrfurchtsvolle Ergebenheit beweisen.

§ 14.

1. Wenn er Korrektheit in seinem Handeln, Einsicht in seinem Tun zeigt, stets würdevoll und Herr seines Selbst ist, und nie etwas gegen Sitte und Anstand tut, dann wird er sich selbst vervollkommnen.
2. Wenn er die Schmeichler und Verleumder von sich stößt, alles fern hält, des er sich schämen müßte, Vermögen und Reichtum geringschätzt, dagegen die Tugend hochachtet, so zeigt er, daß er die Tugendhaften und Edelgesinnten ehrt.
3. Wenn er die hohe Stellung seiner Verwandten ehrt und berücksichtigt, Wert legt auf ihr Wohlergehen, mit ihnen so eines Sinnes ist, daß er das liebt, was sie lieben, das verwirft, was sie verwerfen, dann zeigt er, daß er seine Verwandten wahrhaft liebt.
4. Wenn er in der hohen und verantwortlichen Stellung, zu der er sie berufen hat, ihnen volles Vertrauen schenkt, dann zeigt er, daß er die Staatsminister ehrt.
5. Wenn er für das Wohlergehen der pflichttreuen und redlichen Beamten auf alle Weise sorgt, dann werden sie seine Anordnungen in Freudigkeit erfüllen.

6. Wenn er bei jeder Gelegenheit zeigt, daß er für des Volkes Wohl besorgt ist, wenn er soviel als möglich die Abgaben verringert, dann zeigt er den hundert Familien (dem ganzen Volke), daß er sie wie seine Kinder liebt.
7. Wenn er täglich um sie besorgt ist, allmonatlich prüft, ob sie ihrem Verdienst gemäß belohnt werden, sie für das Geleistete lobt und ermuntert, dann zeigt er, daß er Künstler und Industrielle ernstlich begünstigt.
8. Wenn er den sich Verabschiedenden das Geleit gibt, den Ankommenden gastlich entgegengeht, sich aufrichtig freut, wenn er ihnen Gutes erwiesen, ihren Wünschen willfahren kann, und ebenso aufrichtig und herzlich beklagt, wenn er außer Stande ist, dies tun zu können, dann zeigt er Rücksicht und Zuvorkommenheit gegen Fremde.
9. Wenn er die Sukzessionrechte derjenigen Regentenfamilien prüft und reguliert, denen die direkten Nachkommen fehlen, die Reiche wieder aufrichtet, die dem Verfalle nahe sind, die innern Unruhen besänftigt und den Reichen in den Gefahren, die ihnen drohen, beisteht, wenn er bei allen Gelegenheiten, wo die Reichsfürsten bei Hofe erscheinen, oder Gesandte schicken, sie selbst oder ihre Gesandten auf das gastlichste und ihrem Range gemäß empfängt, bewirtet und verabschiedet, dann wird er sich den großen Vasallen verbindlich zeigen und sie an sich fesseln.

§ 15. Wer immer also das Weltreich regieren will, für den existieren *neun* unabänderliche Richtschnuren.

Die *eine* Tugend (die unveränderliche Wahrheit) aber ist es, die alle Tugenden umfaßt, alle Pflichtverhältnisse bedingt.

§ 16. Wir müssen aber (nicht nur bei jenen neun Grundlehren, sondern) bei allen unsern Handlungen vorher reichlich überlegt und wohl erwogen haben, ob sie der Wahrheit entsprechen, erst dann hat unser Tun festen Bestand, wenn wir aber das nicht vorher reichlich erwogen haben, dann entsteht Verwirrung und Enttäuschung.

Wenn bei unsern *Reden* dies zuvor außer Zweifel gesetzt ist, dann werden wir nicht in Verwirrung oder Schwierigkeiten geraten.

Wenn bei unsern *Handlungen* dies zuvor außer Zweifel gesetzt ist, dann werden uns keine Drangsale oder unübersteigliche Mühseligkeiten treffen.

Wenn bei unserm *Wandel* dies vorher außer Zweifel gesetzt ist, dann wird uns nicht anhaltende Bekümmernis oder Seelenschmerz zuteil werden, und ebenso:

Wenn wir uns zuvor versichert haben, daß wir in Wahrheit fest im *Táo* stehen, dann werden wir nie hilf- und schutzlos sein.

§ 17. Denn wer hienieden einen Thron innehat, und er hat ihn nicht durch des Höchsten Gnade erhalten, so kann durch ihn das Volk doch wahrlich nicht weise regiert werden.

Hat er ihn aber durch des Höchsten Gnade erhalten, dann ist er ja mit dem *Táo* vereint.

Wer aber nicht aufrichtig und treu gegen seinesgleichen, gegen Freunde und Genossen handelt, der strebt nicht

dem Höchsten zu; wer aber aufrichtig und treu gegen seinesgleichen, gegen Freunde und Genossen handelt, der hat und mit dem ist das *Táo*.
Wer seinen Eltern nicht aufrichtig ergeben ist, der ist auch gegen seinesgleichen, gegen Freunde und Genossen nicht aufrichtig und treu, wer seinen Eltern aufrichtig ergeben ist, der hat und mit dem ist das *Táo*.
Wer dagegen in sich selbst nicht wahr ist, der ist auch gewiß seinen Eltern nicht aufrichtig ergeben, wer aber durch und durch wahr ist in sich, der hat und mit dem ist das *Táo*.
Wer aber nicht in Wahrheit und Klarheit das höchste Gut erkannt hat, der kann auch nicht wahr in sich sein.
§ 18. Denn die *ewige Wahrheit*, sie ist ja das *Táo* des Himmels. Jene *innere Wahrheit* aber, sie ist das *Táo* (das Göttliche) im Menschen.
Die ewige Wahrheit, wer diese ohne Mühe und Anstrengung begriffe, wer ohne tiefes Nachdenken sie erhalten würde, wer ohne sein Zutun, an und für sich das *Táo* vollkommen erkennen könnte, der würde ein *Heiliger* genannt werden müssen.
Jene innere Wahrheit aber, – ja die *(Weisen)*, welche sich fest vorgenommen haben, das höchste Gut wiederzugewinnen und mit unerschütterlicher Entschlossenheit diesem Ziele zuzustreben, die gewinnen sie.
§ 19. Dazu gehört das extensivste Studium, die angelegentlichste Erforschung, das aufmerksamste Nachdenken, die klar abstrahierende Begriffsbildung, und

dann der feste und entschiedene Wille, in dem, was wir erkannt haben (in der Wahrheit), zu wandeln.

§ 20. Wir haben aber nicht ausreichend studiert, wenn wir für das, was wir erlernt haben, nicht befähigt worden sind, so daß es demnach nicht vollständig uns zu eigen geworden ist.

Wir haben aber nicht ausreichend geforscht, wenn wir das, wonach wir geforscht, nicht durchaus kennengelernt haben, und es demnach nicht vollständig uns zu eigen geworden ist.

Wir haben aber nicht ausreichend nachgedacht, wenn wir mit unserm Nachdenken kein Denkresultat erreicht haben, und es demnach nicht vollständig uns zu eigen geworden ist.

Wir haben aber nicht ausreichend abstrahiert, wenn die Begriffe uns nicht deutlich geworden sind, und es demnach nicht vollständig uns zu eigen geworden ist.

Wir haben aber nicht vollkommen gewollt, wenn unserm Wollen die Festigkeit fehlte, so daß es nicht vollständig uns zu eigen geworden ist.

Was also ein anderer auf einmal zu erreichen vermag, das mögen wir hundertmal versuchen; was ein anderer auf zehnmal zu erreichen vermag, das mögen wir tausendmal versuchen.

§ 21. Dann, ja dann werden wir zuverlässig im Stande sein, das *Táo*, das Göttliche zu erreichen, und wenn wir auch geistig arm waren, so werden wir doch erleuchtet werden, wenn wir auch geistig schwach waren, so werden wir doch gestärkt werden.

Einundzwanzigstes Kapitel

§ 1. Von der (ewigen) Wahrheit zur Erkenntnis gelangen heißt (göttliche) Natur.
Von der Erkenntnis zur (innern) Wahrheit gelangen heißt Religion.
Von der Wahrheit kann man demnach zuversichtlich zur Erkenntnis gelangen.
Von der Erkenntnis kann man demnach zuversichtlich zur Wahrheit gelangen.

Zweiundzwanzigstes Kapitel

Nur der *Heilige,* dem auf Erden die Erkenntnis der ewigen Wahrheit unmittelbar geworden ist, wird dadurch befähigt, seine göttliche Natur vollkommen bis ins Innerste erschauen zu können.
Wer im Stande ist, seine innere Natur erschauen zu können, der ist danach fähig geworden, die göttliche Natur der Menschheit überhaupt durchschauen und erneuern zu können.
Wer im Stande ist, die göttliche Natur des Menschen zu erkennen, der ist fähig geworden in die innerste Natur aller Kreaturen einzudringen.
Wer im Stande ist, ins Innere der Natur alles Geschaffenen einzudringen, der vermag auch Himmel und Erde

in ihrem alles verschönernden und veredelnden und wohltuenden Wirken zu unterstützen.
Wer im Stande ist, Himmel und Erde in ihrem alles verschönernden und wohltuenden Wirken zu unterstützen, von dem kann man sagen, daß er mit Himmel und Erde die *Trinität* bilde.

Dreiundzwanzigstes Kapitel

§ 1. Jene andern aber (die Weisen) gelangen indirekt (durch Erkenntnis) zur innern Wahrheit, denn auch indirekt kann man zur innern Wahrheit gelangen.
Die Wahrheit wird sich dann offenbaren, hat sie sich einmal offenbart, so wird sie im hellen Licht strahlen.
Wenn sie im hellen Licht strahlt, dann wird sie unsere Tugend zur himmlisch reinen verklären.
Hat sie unsere Tugend zur himmlisch reinen verklärt, dann sind wir im Stande, moralisch auf andere zu wirken.
Wenn wir im Stande sind, moralisch auf andere zu wirken, so können wir ihre Veredelung bewirken.
Wenn wir ihre Veredelung bewirken können, so werden wir auch im Stande sein, die Erneuerung und vollkommene Umwandlung der Menschen erreichen zu können.
Aber nur wer auf Erden zu vollkommener Erkenntnis der Wahrheit gelangt ist, ist für die Totalumwandlung der Menschheit zum Guten befähigt worden.

Vierundzwanzigstes Kapitel

Der (Heilige), welcher zur ewigen Wahrheit, d. i. zum himmlischen *Táo* gelangt ist, würde weissagen können.
Wenn eine neue Dynastie entstehen und zur Blüte gelangen soll, so wird das sicherlich durch glückliche Vorbedeutungen,
wenn eine Dynastie untergehen soll, so wird das sicherlich durch Unglückszeichen kundgegeben,
mag man dies aus der Schildkrötenschale, auf welcher das Kraut *Schý̌* verbrannt worden, erschauen, oder mag es sich durch ein beunruhigendes Gefühl in allen Gliedern bemerkbar machen, ob Glück oder Unglück kommen wird.
Der Heilige kennt aber zweifellos (ohne solche Auspicien) schon vorher das Gute, das kommen wird.
Solche vollkommene Erkenntnis ist aber nur der des Geistes Gottes vergleichbar.

Fünfundzwanzigstes Kapitel

§ 1. Die ewige Wahrheit ist in sich selbst Vollkommenheit, wie das *Táo* in sich selbst das *Táo* ist.
§ 2. Die ewige Wahrheit ist aber auch aller Wesen Ende und Anfang.

Die *Unwahrheit* ist *Wesenlosigkeit*.
Das ist der Grund, weshalb für den Weisen die ewige Wahrheit so hohen Wert hat.
§ 3. Wer daher die ewige Wahrheit erkannt hat, der vervollkommnet dadurch nicht etwa nur sich selbst und begnügt sich damit, sondern er vervollkommnet auch andere.
Die Vervollkommnung seines Selbst ist Humanität, die Vervollkommnung der Wesen Intelligenz.
Diese (Humanität und Intelligenz vereint) bilden den Tugendbegriff, der unserer göttlichen Natur entspricht.
Denn wenn sie beide harmonisch vereint, nach außen (für die Welt), nach innen (für uns selbst) zur Geltung kommen, dann entsprechen sie dem *Táo*.
Daher sollen wir unablässig streben, die harmonische Vereinigung zu gewinnen.

Sechsundzwanzigstes Kapitel

§ 1. Aus dem vorhergehenden Grunde (§ 2) folgt, daß die erhabene Wahrheit nie aufhören wird zu sein.
§ 2. Was nicht aufhören wird zu sein, ist von Dauer; was von Dauer ist, das muß von Anfang her gewesen sein.
§ 3. Was von Anfang an gewesen ist, ist unvergänglich und ewig.

Was unvergänglich und ewig ist, ist unermeßlich und unendlich.
Was unermeßlich und unendlich ist, ist voll Hoheit und Weisheit.
§4. In ihrer Unendlichkeit und Unermeßlichkeit enthält sie alle Wesen.
In ihrer Hoheit und Weisheit beschirmt und behütet sie alle Wesen.
Durch ihre unendliche Dauer vervollkommnet sie alle Wesen.
§5. In ihrer Fülle und Unermeßlichkeit steht ihr die Erde als Abbild zur Seite.
In ihrer Hoheit und Weisheit steht ihr der Himmel als Abbild zur Seite.
In ihrer ewigen Dauer, da kann ihr nichts zur Seite gestellt werden.
§6. Sonach wissen wir, daß sie, obgleich wir sie nicht sehen können, sich doch deutlich manifestiert.
Obgleich sie sich nicht bewegt und ändert, so ändert und verändert sie doch alle Dinge.
Obgleich sie immateriell ist, so vervollkommnet sie doch alle Dinge.
§7. So können wir mit dem *einen* Wort das *Táo* des Himmels und der Erde und zwar den Begriff vollständig erschöpfend bezeichnen.
Als dies die Kreaturen schuf, stand ihm kein *Zweiter* zur Seite.
Deshalb bleibt, wie es den Kreaturen Leben gab, für uns unerforschlich.
§8. Das *Táo* des Himmels und der Erde ist ja eben

unermeßlich! unendlich! voll Hoheit und Weisheit! ist unvergänglich und ewig!

§9. Sehen wir doch jetzt einmal zum Himmel auf!

Ein mit unendlich vielen leuchtenden Punkten bestecktes Etwas erscheint er der Menge.

Können wir aber mit unsern Gedanken seine Unendlichkeit erfassen?

Müssen wir nicht staunend fragen: Wer bewegt denn die Sonne, den Mond und die Gestirne in ihren regelmäßigen Bahnen, durch welche der Tage- und der Jahreszeiten Wechsel bedingt, und alle Kreatur beschützt und behütet wird?

Sehen wir jetzt einmal die Erde an!

Die Scholle Landes erscheint sie der Menge.

Vermögen wir aber ihre kolossale Größe und überreiche Fülle mit unsern Gedanken zu ermessen?

Muß es uns nicht mit Bewunderung erfüllen, welche Unmassen hocherhabener Gebirge sie trägt, und daß sie nicht davon beschwert wird?

Welche gewaltige Masse von Strömen und Meeren sie enthält und nicht davon überläuft?

Welche unendliche Menge von Kreaturen sie enthält und ernährt?

Sehen wir jetzt hin nach jenem Gebirge!

Ein Konglomerat von Steinmassen erscheint es der Menge.

Vermögen wir aber seine gewaltige Größe zu ermessen?

Müssen wir nicht verwundert sein, welchen Bäumen und Sträuchern, welchen Blumen und Kräutern es

Leben, wie es den Tieren und Vögeln in seinen Waldungen Obdach und Nahrung gibt, und welche Kostbarkeiten und Reichtümer es aus seinem Innern in überreicher Fülle darbietet?
Sehen wir jetzt jenes Wasser!
Wohl ein Schöpfbrunnen erscheint es der Menge.
Vermögen wir aber seine Tiefe zu ergründen?
Müssen wir nicht staunen ob der Riesenschildkröten und Riesenfische, die es birgt, ob der Alligatoren und Lurche, der vielen Fische und Reptilien, die in ihm leben? Erstaunen über die ungeheuern Reichtümer, die es enthält und von denen täglich neue zu Tage geschafft werden?
§ 10. Wenn das Liederbuch sagt:
»Ja, wahrhaftig des Himmels Gabe strahlt *ohne Aufhören* in der majestätischen Schönheit und Herrlichkeit«, –
womit eben nur gesagt sein kann, der Himmel ist eben nur durch das, was er *bewirkt*, der Himmel,
»ist dann nicht offenbar«, daß man in Beziehung auf »die Himmelsreinheit der Tugend des *Wên-wâng*« ebenfalls sagen kann:
Wên-wâng (der tugendreiche König) ist durch das, was er *wirkt wên (tugendreich)*, weil die Himmelsreinheit seiner Tugend auch ohne Aufhören ist?

Siebenundzwanzigstes Kapitel

§ 1. Das *Táo*, wie es der Heilige erkennt, ist von unendlicher Erhabenheit.

§ 2. Überall hin, über alle Meere breitet es sich aus, belebt und beschützt alle Wesen und führt sie ihrem Endzweck zu. Aber zu seiner höchsten Erhabenheit, da ist es uns weit entrückt, fern im Himmel.

§ 3. Aus seiner segensreichen Fülle vermögen wir das Eine und Erhabene bewundernd zu ahnen, und die Überfülle bedingt für uns die Vielfältigkeit der (300) religiösen Gebräuche und die noch größere Vielfältigkeit der (3000) sozialen Sittengesetze.

§ 4. Denn wir erwarten noch jenen *Menschen*, den Heiligen, der dereinst wird zu uns gesendet werden.

§ 5. Weil ja gesagt ist: »Wenn wir nicht absolut vollkommen in der Tugend sind, so können wir die Vollkommenheit des *Táo* nicht in der Totalität erkennen...«

§ 6. Daher wird der Weise, der veredelt ist durch die göttliche Natur seiner Tugend, auch das *Táo* kennen lernen.

Denn hingelangen zum Hocherhabenen, das ist ja eben vollständig möglich durch Geistesreinheit, Geistesvollkommenheit.

Denn das Höchsterhabene ist ja dasselbe *Táo*, wie es im tiefsten Grunde der Seele, im *Tchōng-yông*, sich offenbart.

Und da der Weise somit vertraut ist mit dem Beweggrunde zur Einführung der religiösen Feierlichkeiten und sozialen Sittengesetze, so weiß er auch die Menschen zu erneuern, zu veredeln; denn er wird zuversichtlich den meisten Wert darauf legen, daß durch die Kultusformen dem Höchsten unsere innigste Verehrung werden soll.

§7. Daher wird der Weise, wenn er in hohem Amt steht, nicht hochmütig werden, und wenn er in niederer Stellung ist, nicht niedrig denkend werden.

Und herrscht das *Táo* im Reich, dann genügt sein Wort, es in blühenden Zustand zu versetzen; herrscht das *Táo* nicht im Reich, so wird seine Seelenruhe ihn in den Stand setzen, das Gute geduldig zu erwarten.

Das Liederbuch sagt: »Wer die himmlische Tugend in Klarheit und die Weisheit besitzt, der bewahrt sein. *Ich*.«

Was das heißt, wollen wir weiter unten besprechen.

Achtundzwanzigstes Kapitel

§1. Konfuzius sagt:

»Der Unweise hat nur Interesse für das, was für ihn selbst von Nutzen ist.«

»Der Mensch von niederer Gesinnung hat nur für das Sinn, was ihn selbst betrifft, und«

»die in der Jetztzeit Lebenden revoltieren gegen das *Táo* der alten weisen Könige.«

»Wer aber wie dieser Einer ist, der hat des Himmels Strafgericht für seine Person zu erwarten.«

§ 2. Denn wer nicht wahrhaft der *Sohn* des *Himmels* ist, der hat kein Recht, die gottesdienstlichen Gebräuche einer Untersuchung und Änderung zu unterwerfen, so wenig als er die Gesetze ändern, oder die alten Schriftwerke anders auslegen darf.

§ 3. Denn noch jetzt ist das Gefährt des Reichs in dem alten Gleis.

Noch jetzt enthalten die Bücher dieselben Schriftzeichen.

Noch jetzt handeln wir nach den fünf Fundamentaltugenden.

§ 4. Denn ob jemand auch die *Autorität* (des Sohnes des Himmels) erlangt habe, wenn er nicht seine *Tugend* besitzt, so darf er nicht wagen, neue gottesdienstliche Gebräuche und neue Melodien zu erfinden.

Und ob jemand auch die höchste *Tugend* besitze, wenn er nicht die *Autorität* (des Sohnes des Himmels) hat, so darf er ebenfalls nicht wagen, neue gottesdienstliche Gebräuche und neue Melodien einzuführen.

§ 5. Der Meister sagt:

»Wir sprechen von den gottesdienstlichen Gebräuchen der *Hiá*-Dynastie, indessen ist das Zeugnis des Fürstentums *Khỳ* für uns kein hinreichend überzeugendes dafür, daß sie daselbst treu bewahrt werden.«

»Wir haben auch die gottesdienstlichen Gebräuche der *Yn*-Dynastie kennen gelernt und diese werden noch im Fürstentum *Sóng* bewahrt und sind dort die maßgebenden.«

»Wir haben aber auch die gottesdienstlichen Gebräuche der *Tscheoū*-Dynastie kennengelernt und die sind jetzt noch in allgemeiner Anwendung und wir befolgen daher die der *Tscheoū*.«

Neunundzwanzigstes Kapitel

§ 1. Das Gouvernement des Weltreichs ist sonach im Besitz von drei höchst wichtigen Grundlagen (den Religionsgebräuchen der *drei* Dynastien), die im einzelnen nur wenig von einander abweichen!

§ 2. Aber die im Alter am weitesten hinaufreichende besitzt, obschon an sich gut, keine Authentie.

Was aber keine Authentie besitzt, das wird nicht geglaubt.

Und was nicht geglaubt werden kann, dem gibt das Volk keine Folge.

Aber die im Alter am weitesten herabreichende besitzt, obschon an sich gut, keine Autorität.

Was aber keine Autoriät besitzt, das wird nicht geglaubt.

Und was nicht geglaubt werden kann, dem gibt das Volk keine Folge.

§ 3. Deshalb verläßt sich der weise Regent auf das *Táo*, das von allem Anfang ihm selbst eingegeben wurde; denn dann wird seine Gottinnigkeit lebendiges und echtes Zeugnis für sein Volk sein.

Dann kann er die Kulturformen der drei Dynastien einer Prüfung unterwerfen, sie ergänzen, vervollständigen; denn er wird nur das beschließen, was den ewigen Gesetzen des Himmels und der Erde konform ist.
Denn das Zeugnis des dem Menschengeiste immanenten Gottesgeistes ist untrüglich,
sowie das des Heiligen, der nach hundert Generationen erwartet wird, unfehlbar ist.
§4. Das Zeugnis des dem Menschengeiste immanenten Gottesgeistes ist aber darum untrüglich, weil er ja den Himmel kennt.
Und das Zeugnis des Heiligen, der nach hundert Generationen erwartet wird, ist darum unfehlbar, weil er die Menschen kennt.
§5. Danach ist der weise Regent in den Stand gesetzt, durch seine Aufmunterung, durch sein Beispiel auch schon dem lebenden Geschlecht in seinem Reich das *Táo* zu geben;
durch seinen Wandel und seine Handlungen schon dem lebenden Geschlecht in seinem Reiche die der Religiosität und Moral entsprechenden Gesetzesvorschriften zu geben,
durch seine Belehrung auch schon dem lebenden Geschlecht in seinem Reich die wahre Norm zu geben.
Und die ihm fernstehenden fremden Völker werden dann mit Sehnsucht nach ihm hinschauen, und die ihm nahstehenden eigenen Völker werden ihn nicht fürchten, sondern lieben.
§6. Das Liederbuch sagt:

»Ob er auch dort in der Ferne sei, wird er nicht gehaßt, ob er auch hier in der Nähe sei, wird er nicht getadelt, sondern vom frühen Morgen bis zur späten Nacht und unaufhörlich bis ans Ende seines Lebens wird er unaussprechlich geliebt und gelobt.«
Ein weiser Fürst, der so wie dieser ist, der wird sicher alsbald im ganzen Reiche sich das höchste Lob und die höchste Liebe erwerben.

Dreißigstes Kapitel

§ 1. Wenn *Tchóng-nŷ* (Konfuzius) von dem Ursprung der gottesdienstlichen Gebräuche und Gesetze zu den Zeiten der alten weisen Könige *Yaó* und *Schún* sprach, und wie dieselben dann in Klarheit und Treue von den Königen *Wên-wâng* und *Wù-wâng* beobachtet und ausgeführt wurden, dann verglich er die ersteren, ursprünglich gegebenen mit den erhabenen Gesetzen, welche die regelmäßigen Bahnen der Himmelskörper bestimmen, und die letzteren mit den für uns hienieden daraus resultierenden klimatischen Verhältnissen und Veränderungen.
§ 2. Er unterscheidet sie also wie Himmel und Erde, wo es ja auch nichts gibt, was nicht einerseits empfangen und hier seinem Zweck, seiner Vollendung zugeführt wurde, was nicht andererseits (vom Himmel) gegeben, beschützt und behütet wurde.

Das ist also derselbe Unterschied und dasselbe Verhältnis, wie der wechselnden Jahreszeiten Wiederkehr zu dem damit übereinstimmenden Gang und dem alternativen Leuchten von Sonne und Mond.

§ 3. Und wie die unzähligen Wesen, die zugleich auf Erden emporsprossen, ohne einander Schaden zu tun oder zu stören, ihr Urbild in den Himmelskörpern haben, die ihre Bahnen zugleich wandeln, ohne je in Unordnung zu geraten, so ist auch die Kraft und die Tugend, die den Kreaturen innewohnt, eine Ausströmung des Überflusses der einen gewaltigen Kraft und Tugend, die alles erschafft und belebt und seinem Endzweck zuführt.

Und das eben ist es, was Himmel und Erde uns so erhaben erscheinen läßt.

Einunddreißigstes Kapitel

§ 1. Nur der Welt *Heiligster* ist durch seine klare und unmittelbare Anschauung, durch seine vollkommene Einsicht und Erkenntnis ausreichend befähigt, das Weltreich zu regieren.

Durch seine Hochherzigkeit und Unparteilichkeit, seine Menschenliebe und Milde ist er ausreichend befähigt, das Weltreich zu beglücken.

Durch seine hohe Kraftfülle, seinen Mut, seine Tapferkeit ist er ausreichend befähigt, das Weltreich zu schützen und zu bewahren.

Durch seine vortrefflichen Institutionen, seine Sorgfalt, Gerechtigkeit und Rechtlichkeit ist er ausreichend befähigt, sich Ansehen und Hochachtung zu verschaffen.
Durch sein Wissen, seinen hohen Verstand, seine Geistestiefe und Urteilskraft ist er ausreichend befähigt, stets die rechten Maßnahmen zu wählen.
§2. Seine allumfassende Intelligenz ist ein unerschöpflicher Quell, der immerfort segenbringend hervorströmt.
§3. Die allumfassende Intelligenz gleicht dem Himmel,
der unerschöpfliche Quell der Erde.
Wenn ihn das Volk nur sieht, muß es ihn sicherlich hoch verehren.
Was er spricht, muß ohne Zweifel Glauben beim Volke finden.
Und seinen Wandel und seine Taten wird das Volk unzweifelhaft überall laut preisen.
§4. Daher wird sein Ruhm nicht nur ganz China überströmen, sondern sich weit verbreiten bis zu den Völkern des äußersten Nordens und Südens.
Soweit nur immer Schiffe und Wagen gehen, soweit nur immer des Menschen Kraft gelangt, soweit des Himmels Macht, der Erde üppiges Gedeihen, wohin der Sonne Strahl, des Mondes Schein reicht, wohin nur immer Reif und Tau fällt, ja überall wo Blut und Leben ist, muß er geehrt und geliebt werden.
Daher kann man sicherlich von ihm sagen, er ist dem Himmel vergleichbar.

Zweiunddreißigstes Kapitel

§1. Nur wer auf Erden zur vollkommenen Erkenntnis der *Wahrheit* gekommen ist, wird im Stande sein, alle einzelnen Kettenfäden in dem *einen* großen Weltgewebe vereinigt zu sehen, und dies als der Welt erhabenes Grundgesetz aufstellen können; denn er kennt den Schöpfer und Erhalter Himmels und der Erde. Ja wahrhaftig, er kennt *ihn*! und darum weiß er, *wem* er vertrauen, auf *wen* er sich verlassen kann.
§2. Auf die Allmacht *seiner* Liebe, auf die Harmonie *seiner* geschaffenen Natur, auf die Unendlichkeit *seines* Himmels.
§3. Wer aber nicht unzweifelhaft die alles durchdringende *Weisheit* des Heiligen kennt, wer nicht von seiner himmlischen *Tugend* durchdrungen ist, wie sollte der im Stande sein, das zu kennen, zu wissen und zu können.

Dreiunddreißigstes Kapitel

§1. Das Liederbuch sagt:
»Über dem mit bunten Blumen gestickten Seidengewand trage ich ein einfaches Kleid«; – denn ich liebe nicht solche Farbenpracht zur Schau zu tragen.
So ist auch das *Táo* des Weisen; so tief es auch verbor-

gen ist, leuchtet es doch von Tag zu Tag mehr hervor, während das *Táo* des grundsatzlosen und selbstsüchtigen Menschen, obschon an und für sich helleuchtend, doch durch die Sünden und Leidenschaften desselben von Tag zu Tag mehr verdunkelt wird.

Das *Táo* des Weisen ist zwar immateriell, aber dennoch kein leeres Phantasiebild,

unerfaßbar, aber dennoch der edelste Schmuck, es verleiht dem Weisen Edelsinn und Menschenliebe und leitet ihn zur Vortrefflichkeit und Vollkommenheit.

Dem Weisen ist bekannt, daß das Ferne (transzendente) – ihm nahe (immanent) ist.

Er weiß, daß sein, des *Táo* Odem ihn selbst belebt und durchdringt.

Er weiß, daß das den äußern Sinnen Verborgene sich ihm deutlich zu erkennen gibt, daß nur Kraft desselben die himmliche Tugend ihm zuteil werden kann.

§ 2. Das Liederbuch sagt:

»Je tiefer man in das Verborgene eindringt, je deutlicher und herrlicher gibt es uns sich kund.«

So findet auch der Weise, der in sein eigenes Inneres prüfend eindringt, nichts, was ihm Trauer und Schmerz bereiten könnte; denn er findet nichts Unrechtes, weder in seinem Streben und in seinem Vorhaben, noch in seinen Absichten und seinem Willen.

Oder meinst du, daß dies (Eindringen in seine Seele) für den Weisen unausführbar sei, nur weil es von den gewöhnlichen Menschen nicht mit den Augen gesehen werden kann?

§ 3. Das Liederbuch sagt:
»Seht euch wohl vor, auch wenn ihr in eurem Hause seid, daß ihr selbst hier, auch in dem entlegensten Winkel desselben, nichts tut, worüber ihr erröten müßtet.«
Deshalb tut der Weise nichts, was nicht ehrbar ist, und spricht nichts, was nicht Glauben und Vertrauen verdient.
§ 4. Das Liederbuch sagt:
»Er verwaltet sein Amt so vorzüglich, daß nie ein Wortwechsel vorkommt, und zu keiner Zeit können unter ihm Streitigkeiten entstehen.«
Demnach wird der wahrhaft Weise, auch ohne Belohnungen und Versprechungen zu geben, das Volk doch aufs beste beraten und zum wahren Heil führen, ohne zu zürnen und zu strafen, wird das Volk vor seiner Majestät doch mehr Respekt haben, als vor dem Henkerbeil.
§ 5. Das Liederbuch sagt:
»Durch nichts hervorleuchten als nur durch Tugend, das wiegt alle Gesetze und ihre Strafbestimmungen auf.«
So wird auch der weise Fürst, allein durch die hohe himmlische Tugend, die ihn durchglüht, dem Weltreich den ewigen Frieden geben können.
§ 6. Das Liederbuch sagt:
»Ich liebe die vollkommen reine und fleckenlose, die verklärte Tugend, nicht aber die mit lautem Schalle und hochklingenden Worten sich kundgebende, auf den äußern Schein berechnete Tugend.«

Und dazu sagt der Meister (Konfuzius):
»Hochklingende Phrasen, glänzende Worte und äußerer Schein, will man damit etwa das Volk bekehren? Niemals, niemals!«
Das Liederbuch sagt ferner:
»Die Tugend ist zart wie ein Haar.«
Aber ein Haar, wenn auch zart, ist immer noch durch die äußeren Sinne wahrnehmbar.
»Die Tugend aber, die vom Höchsten, vom Himmel uns gegeben ist, ist durch keinen der Sinne erkennbar.«
Deshalb ist sie eben so unendlich erhaben; denn durch sie erkennen wir den Höchsten, und hin zu ihm zu gelangen, das ist die höchste Vollkommenheit.

Ta – Hsio

Die hohe Lehre des Konfuzius
oder
Die Kunst, weise zu regieren

Der hohen Lehre folge, dann
Erneut sich die Tugend, die helle,
Und liebend auch den gemeinen Mann
Schlägt Dein Herz auf der richtigen Stelle.

Standhaftig immer sein Du mußt
Mit zielbewußtem Sinn,
Denn, bist des Ziels Du Dir bewußt,
Lebst ruhig Du dahin.
Und lebst Du ruhig stets dahin,
Ist ruhig auch Dein Geist,
Und geistige Ruhe zum Gewinn
Gibt Einsicht sie zumeist.

Die Einsicht aber läßt Dich nur
Die helle Tugend üben,
Drum folge meiner Lehre Spur,
Laß Dir den Geist nicht trüben.

Was ist, hat Anfang und Beschluß,
Die sind nicht mehr zu trennen,
Drum man den Anfang kennen muß,
Will man das Ende kennen.

Daß Tugend auf der ganzen Welt
Erstrahle in hellem Scheine,

Hat früher man zuerst bestellt
Das Vaterland, das eine.

Und, um das ganze Vaterland
Zu ordnen, ging man aus
Vom kleinen, und man ordnete
Zuerst das eigene Haus.

Doch ehe man das eigene Haus
Geordnet säuberlich,
Ging man erst von sich selber aus
Und ordnete bei sich.

Man ordnete zuerst das Herz,
Doch vorher noch den Geist,
Und, um den Geist zu ordnen, half
Studieren allermeist.

Studieren heißt, erforschen, was
Zusammensetzt die Welt.
Durch Studium wird Verstand und Geist
Gebildet und erhellt.

Und ist der Geist gebildet, dann
Schlägt auch das Herz in Ruh',
In Ordnung bist Du selbst, Dein Haus
Hast auch in Ordnung Du.

Doch steht's auch gut um's Vaterland
Ist jedes Haus bestellt,

Und ist ein jedes Land in Ruh,
Ist's auch die ganze Welt.

Vom Himmels Sohn, dem Kaiser, bis
Herab zum Arbeitsmann
Fang', wer das Ziel erreichen will,
Mit Selbsterziehung an.

Denn, schlecht regiert, wer nicht einmal
Sich selbst hat in der Hand,
Erstrebe das, was wünschenswert
Für Dich, doch niemals Tand.

Aus dem Lun-Yü, dem Buch der Gespräche

Der Wahre Weg

Wahrheit ist der *Weg des Himmels* und Wahrhaftigkeit der *Weg des Menschen*. Der Wahrhaftige trifft ohne Anstrengung die richtige Mitte, erfaßt ohne nachzudenken, und folgt dem *mittleren Weg* mit Leichtigkeit. Das ist der Heilige. Um den *Weg* wahr zu machen, erwählt der Wahrhaftige das Gute und hält es fest, er studiert ihn umfassend, er durchforscht ihn bis ins Kleinste, unterscheidet klar, und verwirklicht ihn mit glühendem Eifer. Vertieft er sich nur einmal aufrichtig in diesem *Weg*, so hat er den Gewinn, als hätte er es hundertmal getan; bemüht sich einer zehnmal um diesen Weg, so erntet er tausendfältige Frucht. Der Tor wird zum Weisen und der Schwache stark.

In der Frühe die Wahrheit vernehmen und des Abends sterben: das ist nicht zu bedauern.

Das vom Himmel Verliehene heißt die Natur des Menschen, das Sich-entfalten-lassen dieser Natur nennt man den Weg (Weg der Mitte), und die Regulierung dieses Weges bezeichnet man als Unterweisung. Von diesem *Weg* darf man auch nicht einen Augenblick abweichen, denn könnte er verlassen werden, wäre er eben nicht der richtige *Weg*. Deshalb ist ein edler

Mensch besonders sorgfältig bei allen Dingen, die er nicht sieht, und äußerst behutsam bei denen, die er nicht hört. Nichts ist sichtbarer als das Verborgene, und nichts deutlicher als das Einfache. Deshalb achtet der Edle auf sich, wenn er allein ist. Solange Freude, Zorn, Trauer und Lust noch nicht erregt worden sind, spricht man vom Gleichgewicht. Sind sie aber erregt und in das rechte Maß geleitet, spricht man von Harmonie. Das Gleichgewicht ist die *große Wurzel* der Welt, und die Harmonie ist das die Welt durchdringende Prinzip. Herrschen Gleichgewicht und Harmonie, nehmen Himmel und Erde ihre richtige Stellung ein, gedeihen alle Dinge.

Was aus dem Hause geht, muß durch die Tür. Weshalb halten sich die Menschen nicht an diesen *Weg?*

Geht ein Mensch von seinem Hause auf die Straße, so muß er durch die Tür schreiten. Gibt es einen Menschen, der beim Hinausgehen nicht die Tür benutzt? Das Gleichnis, daß zwischen Haus und der Straße sich die Tür befindet, wird auf den *Weg* des Menschen angewandt. Der *Weg des Menschen* liegt im Menschen selbst, und von diesem *Weg* darf er auch nicht einen Augenblick abweichen. Seine Taten müssen durch die Tür dieses Hauses aus- und eingehen.

Der *Weg des Menschen* ist ein breiter Weg. Hält er sich an diesen Weg, so schreitet er leicht voran; weicht er von diesem Wege ab, so umlauern ihn viele Gefahren. Folgt er diesem sicheren, erhabenen und ebenen Weg, so vergißt er die Mühen des Lebens; geht er abseits und tritt er in die Dornen, so nehmen die Mühen kein Ende. Gibt es etwa unter den Menschen, die diesen Weg kennen, Jemanden, der dessen Annehmlichkeit verschmäht und sich den Gefahren des Abgleitens ausliefert? Das *Lernen* um diesen *Weg* macht das Wissen um diesen *Weg* zur Voraussetzung und das *Handeln* zu seinem Angelpunkt.

Als Meister Kungfutse auf den Ostberg stieg, lag das Land Lu klein vor ihm, und als er auf den *großen Berg* stieg, lag die Welt klein vor seinen Augen. Wer das Meer sieht, auf den machen die anderen Gewässer keinen Eindruck, und wer mit einem Heiligen verkehrt, dem gelten der Anderen Reden nicht mehr als bloße Worte. Es gibt ein Mittel, um das Wasser zu erkennen: betrachte seine Wellen. Sonne und Mond strahlen Licht aus; läßt du das Licht herein, so erhellt es den Raum. Betrachte das fließende Wasser: vordem es nicht eine Vertiefung ausfüllt, fließt es nicht weiter. Der edle Mensch steckt sich auf dem *Weg zur Wahrheit* sein Ziel: bevor er sich nicht in einem Punkte vollendet, strebt er nicht weiter.

Den Überdurchschnittlichen kann man in die höchste Wahrheit einführen. Mit dem unter dem Durchschnitt Stehenden kann man darüber nicht sprechen.

Daß der *Weg der Mitte* nicht beschritten wird? Ja, ich kenne den Grund. Der Wissende schießt über das Ziel hinaus, und der Tor erreicht es nicht. Daß der *Weg der Mitte* nicht erkennbar ist? Ja, ich weiß es. Der Wissende schießt über das Ziel hinaus, und der Tor erreicht es nicht. Der Mensch lebt nicht ohne Speise und Trank (Vergleich: Pflege des *Weges* durch Wissen und Handeln) und die sich am *Wege der Mitte* laben, sind Wenige.

Der edle Mensch meistert den *Weg der Mitte* in jeder Lage, und alles andere berücksichtigt er nicht. Er lebt ihn im Reichtum, er lebt ihn in der Armut; er vollendet sich in ihm unter den Barbaren und verwirklicht ihn in Not und Bedrängnis. Der edle Mensch ist in ihm zu Haus und bewahrt ihn treu. In hoher Stellung unterschätzt er das Niedrige nicht und in niedriger Stellung klammert er sich nicht an das Hohe. Er vervollkommnet sich selbst, und fordert er nichts von den Menschen, so zieht er sich keinen Groll zu. Das Hohe grollt nicht dem Himmel, und das Niedrige tadelt nicht den Menschen. Deshalb weilt der edle Mensch in Ruhe und dient dem *Willen des Himmels*. Der Gemeine stürzt sich in Gefahr, um Glück und Reichtum zu erwerben. Der Meister sagt: »In manchen Dingen gleicht ein Bogenschütze dem Edlen. Verfehlt er sein Ziel, so schreibt er es sich selbst zu.«

Die Wahrheit auf der Straße hören und wiederum sogleich auf der Straße weitergeben: heißt nichts anderes, als die Tugend wegwerfen.

Die Bildung des kleinen Mannes geht durch die Ohren hinein und durch den Mund wieder heraus. Zwischen Ohr und Mund ist nur ein Abstand von zwölf Zentimetern. Wie sollte sie einen Körper von zwei Meter Größe schön gestalten?

Die Menschen können den *Weg der Wahrheit* verherrlichen. Nicht aber verherrlicht die Wahrheit die Menschen.

Ist Ordnung auf Erden, so opfert sich die Wahrheit dem eigenen Ich; ist aber die Erde moralisch zerrüttet, so opfert sich das eigene Ich der Wahrheit. Nie aber hörte ich je, daß man die Wahrheit anderen Menschen opfern darf.

Wer den *Weg* kennt, ist nicht mit dem zu vergleichen, der ihn mit Interesse erstrebt; wer ihn mit Interesse erstrebt, ist noch nicht so weit wie der, der in ihm lebend sich an ihm ergötzt.

Betrachten wir das Getreide, so gleichen die Kenner des *Weges* denen, die wissen, daß das Getreide zum Essen bestimmt ist. Die sich für den *Weg* interessierend ihn erstreben, gleichen denen, die am Getreide Geschmack finden. Die sich am *Weg* ergötzen, sind mit denen zu vergleichen, die sich nach Herzenslust am Getreide laben und sättigen. Ein Wissen ohne interessiertes Streben ist noch kein Wissen. Ein strebendes Interesse ohne Sättigung ist noch kein Interesse. Aus diesem Grund ließen die alten Weisen nicht nach, sich mit aller Energie in den *Weg der Wahrheit* zu vertiefen.

Erlerne mit Eifer den *Weg* und vervollkommne dich in ihm treu bis zum Tode! Ziehe nicht in ein moralisch gefährdetes Land und bleibe nicht in einem aufrührerischen Staat!
Trete in einem geordneten Staat in Erscheinung, und bleibe in einem zerrüttenden Lande unsichtbar!
In einem geordneten Staate in Armut und Niedrigkeit leben, gilt als Schande; in einem zerrütteten Staat in Reichtum und Ansehen zu leben, ist Schande.

Manche können mit uns gemeinsam lernen, aber nicht mit uns gemeinsam die Wahrheit erreichen. Wenn sie auch mit uns den *Weg der Wahrheit* beschreiten, so haben sie sich doch bisher nicht festigen können. Haben sie sich auch mit uns festigen können, ist es ihnen nicht gelungen, mit uns die Dinge abzuwägen.

Irrlehren bekämpfen, bringt keinen Gewinn, es schadet nur.

Lernen und Lehren

Lerne, als hättest du es nie erreicht und fürchtest, es zu verlieren.

Ein Mensch gleicht einem Tier, wenn er nicht lernt, auch wenn er sich glücklich fühlt.
Der Zweck des Lernens liegt darin, ein edler Mensch zu werden. Manche lernen, aber erreichen nichts; aber ohne zu streben, erreicht man es niemals.

Mong Dsi sagte einmal: »Die Menschen wissen, wie sie ihren Acker düngen, aber ihren Geist zu düngen, verstehen sie nicht. Düngt man den Acker, gibt es einen Überfluß an Reis und eine gute Ernte. Düngt man aber seinen Geist, so ändert man sein Handeln und erreicht seine Wünsche. Was versteht man unter dem Düngen des Geistes? Ein weites Wissen und eine große Erfahrung. Und was bedeutet, sein Handeln ändern? Seinen Charakter harmonisch gestalten und das Böse dämmen.«

Ich habe oft übers Nachdenken den ganzen Tag nichts gegessen und Tag und Nacht nicht geschlafen; es bringt keinen Gewinn und ist mit dem Lernen nicht zu vergleichen.

Ein Pferd mag noch so schnelle Füße haben, solange es nicht vor den Wagen gespannt wird, wird es kein

gutes Zugtier. Ein Mensch mag noch so schöne Anlagen haben, solange er den *Weg* nicht erlernt, wird er kein Edler. Deshalb müht sich der Lernende, sich die Lehre anzueignen.
Wille ist der Lehrer des Wissens, und das Talent ist sein Schüler. Der Lernende sorge sich nicht darüber, ob das Talent ausreicht, er mache sich darüber Gedanken, daß der Wille durchhält. Es haben schon viele Millionen Menschen das Lernen begonnen, aber nur Wenige haben es vollendet.

Lernen ohne eigenes Nachdenken führt zum Nichtwissen; Nachdenken ohne Lernen birgt in sich Gefahr.

Wer täglich weiß, was er nicht kann, und monatlich nicht vergißt, was er sich erworben, nur von dem kann man sagen, daß er das Lernen liebt.

Schreitet das Lernen voran, so erkennt man täglich, daß man nichts weiß, und diese Erkenntnis erweitert das Wissen. Festigt sich die Tugend, so weiß man monatlich, was man sich erworben hat. Lebt das Wissen um unser Nichtwissen, das Nichtvergessen des Erworbenen ständig in unserer Brust, so ist der Fortschritt gesichert und die Erforschung der Welt in ihrem Keim als vollendet anzusehen.

Die Gelehrten der alten Schule lernten, um sich selbst zu vervollkommnen. Die Gelehrten von heute lernen für die Menschen.

Die Weisen der alten Schule erstrebten durch ihr Lernen, das eigene Ich zu bilden. Die Gelehrten von heute studieren nicht, um ihren Charakter zu veredlen, übermütig brüsten sie sich ob ihres umfangreichen Wissens und ersehnen sich ihren Namen in aller Munde.

Ein edler Mensch verschönert durch seine Bildung sein eigenes Ich. Der gewöhnliche Mensch opfert sein Wissen auf dem Präsentierteller.

Begabt sein und doch den Unbegabten befragen; viel besitzen und wiederum vom Besitzlosen lernen; trotz charakterlicher Reife sich für unreif halten; angegriffen werden und doch nicht auf sein Recht bestehen! Ich hatte früher einen Freund, der diesen Leitsatz befolgte.

Ein edler Mensch schämt sich nicht, zu lernen und zu fragen. Fragen und Forschen sind die Wurzeln des Wissens; Denken und Nachsinnen der Weg.

Den edlen Menschen, dessen Streben nicht dem Sattessen gilt, der sich nicht nur in einer bequemen Wohnung wohlfühlt, in seinen Handlungen besonnen ist und seine Worte abwägt, der im Verkehr mit gebildeten und charakterfesten Freunden sich zu bilden bemüht, nur den kann man als einen das Lernen Liebenden bezeichnen.

Wer die Vergangenheit auszuwerten und die Errungenschaften der Neuzeit sich dienstbar zu machen versteht, den kann man als Lehrer bezeichnen.

Ein edler Mensch übt fünf Methoden der Belehrung: er befruchtet wie ein Regen, der zu gegebener Zeit fällt; er erweckt das Streben nach Tugend; er bildet die Anlagen; dem Fragenden gibt er die richtige Auskunft; er wirkt im stillen durch anziehendes Beispiel. Auf diese fünffache Art wirkt ein edler Mensch belehrend.

In der Belehrung gibt es viele Mittel. Halte ich es nicht für schicklich, einen Menschen zu belehren, so erteile ich ihm hiermit auch eine Lehre.

Beim Lehren gibt es keine Unterschiede.

Sei als Edler ein Lehrer und nicht als Gemeiner!

Ein edler Mensch betrachtet die Welt als sein Wirkungsfeld, sie will er im Guten beeinflussen. Der Gemeine konzentriert sich nur auf das Wohlergehen seines eigenen Ichs, die Welt um ihn interessiert ihn nicht.

Erzieht ein harmonisch ausgebildeter Mensch die Unfertigen und ein hervorragendes Talent die Unfähigen, so freuen sich die Menschen, daß sie weise Väter und Brüder haben. Wenn aber die harmonischen Menschen und die hervorragenden Talente die Unfertigen und Unfähigen abweisen, so ist zwischen den Fähigen und Unfähigen kein Zoll breit Abstand mehr.

Einen Lehrer zu finden, ist wichtiger, als sich selbst in das Studium zu vertiefen.
Der Lernende braucht nur das Rechte zu finden. Jemand fragte: »Wie kann man das Rechte erkennen und ausüben?« Der Meister antwortete: »Schau hinauf zu Sonne und Mond, so erkennst du, wie winzig die Sterne sind. Blicke auf zu einem Heiligen, dann siehst du ein, wie die Reden der Leute nichtssagend sind.«

Tugend

Wer kraft seiner tugendhaften Innerlichkeit herrscht, gleicht dem Nordstern. Er beharrt in Ruhe und alle Sterne umkreisen ihn.

Ein großer Charakter verliert nie sein kindliches Herz.

Wer das Gute übt und sich hierin einen Namen erwirbt, gleicht dem Manne, der ein Haus baut und einen Obstgarten anlegt. In seinem Leben erntet er Gewinn, und nach seinem Tode überlebt ihn der Segen (für die Nachkommen).

Im Altertum verglichen die edlen Menschen die Tugend mit dem Jade. Er ist glänzend, gewinnend, und fühlt sich warm an; das ist Menschenliebe. In seinem Gefüge ist er fest und fein; das ist Weisheit. Er hat Ecken, aber sie verletzen nicht; das ist Gerechtigkeit. Er hängt herab, als neige er sich zu Boden; das ist Schicklichkeit. Schlägt man ihn, so klingt er hell auf; sein Klingen hält lange an, bis es plötzlich verstummt; das ist Musik. Seine Fehler verbergen nicht seinen Glanz, und sein Glanz verbirgt nicht seine Fehler; das ist Wahrhaftigkeit. Sein Glanz strahlt aus allen Seiten; das ist Treue. Sein Geist lebt in den Bergen und Flüssen, darin gleicht er der Erde. Als Rang- und Ehrenzeichen wird er bevorzugt; das ist Tugend. In der ganzen Welt schätzt man nichts mehr als ihn; das ist der *Weg*. Im Shi-king heißt es: »Der Herrscher lebt in meinem Sinnen und Reden, denn er ist mild wie Jade. Deshalb ehrt ihn der edle Mensch.«

Der goldene Mittelweg liegt in der ewigen Tugend. Kann man ihn erreichen? Seit langem findet man ihn selten im Volke.

Nur wenige kennen das Wesen der Tugend.

Manche ehrbaren Leute im Lande sind nichts anders als Räuber der Tugend.

Wan Dschang sprach: »Die ganze Gegend bezeichnet sie als ehrbare Leute, wohin sie auch gehen, hält man sie für ehrbare Leute. Weshalb bezeichnet Meister Kung sie als Räuber der Tugend?«
Mengtse erwiderte ihm: »Will man sie angreifen, so findet man keine Anhaltspunkte; will man sie tadeln,

so findet man nichts, was man an ihnen tadeln könnte; sie führen sich der Mode der unteren Schichten gemäß auf und machen gemeinsame Sache mit dem schmutzigen Zeitgeist, und doch täuschen sie in ihrem Dasein Gewissenhaftigkeit und Treue vor und stellen ihren Handel und Wandel als unbestechlich und sauber dar. Die Menge ist mit ihnen zufrieden. Sie selbst halten ihre Haltung für das einzig Richtige, und doch kann man nicht mit ihnen auf den Pfaden eines Yau und Schún wandeln. Deshalb bezeichne ich sie als Räuber der Tugend.«

Meister Kung sagte einst: »Ich hasse den Schein, was nicht ist. Ich hasse den Lolch, weil er mit dem gleichnamigen Korn verwechselt werden kann. Ich hasse die Zungenfertigen, weil sie mit den Pflichtgetreuen verwechselt werden können. Ich hasse die Aufschneider, weil sie mit den Ehrlichen verwechselt werden können. Ich hasse die unreinen Klänge von Dschong, weil sie mit Musik verwechselt werden können. Ich hasse das Violett, weil es mit dem Scharlach verwechselt werden könnte. Ich hasse die scheinbar ehrbaren Leute, weil sie mit den wirklich anständigen Menschen verwechselt werden können. Der edle Mensch kehrt zum Weg der Mitte zurück. Ist der Weg der Mitte in Ordnung, so erhebt sich die Menge zum Guten. Wendet sich die Menge zum Guten, so ist für Falschheit und eitlen Schein kein Platz.«

Ich habe bisher noch niemanden gesehen, der sich für die Tugend so begeistert wie für die Schönheit der Frauen.

Die echte Schönheit wegen ihrer Schönheit lieben und die Unmoral hassen, das ist Wahrheit. Liebt man die Tugend im gleichen Maß wie die Schönheit der Frau, das wäre echte Liebe zur Tugend. Aber man findet wenige im Volke, die sich zu dieser Geistesart emporringen.

Die Tugend ist nie allein, sie findet immer Nachbarschaft.

Ein tugendhafter Mensch in einem Dorf macht sich alle Guten des Dorfes zu Freunden. Der beste Mann in einem Lande macht sich alle Guten des Landes zu Freunden. Der beste Mann auf der Erde macht sich alle Tugendhaften der Erde zu Freunden. Aber er begnügt sich nicht, die Tugendhaften der Erde zu seinen Freunden zu machen. Er steigt empor zu den Männern des Altertums und beschäftigt sich mit ihnen. Er rezitiert ihre Lieder und liest ihre Bücher. Im Zweifel, ob solch ein Mann würdig ist, studiert er die Geschichte seiner Zeitepoche. Das nennt man zur Freundschaft emporsteigen.

Der Ruf der Tugend verbreitet sich schneller, als ein Kurier einen Befehl übermittelt.

Drei Dinge kennzeichnen den Weisen, deren ich nicht fähig bin. Menschenliebe ohne Betrübtsein, Weisheit ohne Zweifel, Mut ohne Furcht.

Ein Heiliger ist sich bewußt, daß die Tugend keine Grenzen kennt. Indem er sich selbst betrachtet, überkommt ihn das Gefühl der Unzufriedenheit mit sich selbst. Deshalb sagt er, ich bin unvollkommen. Hierin liegt der Grund seines täglichen Fortschrittes.

Der Edle fördert das Schöne im Menschen, nicht aber die Unmoral. Der gemeine Mensch macht genau das Gegenteil.

Ein willensstarker Mann von Charakter strebt nicht auf Kosten seiner Tugend nach dem Leben. Es gibt auch Menschen, die, um ihre Tugend zu vollenden, ihren Leib opfern.

Glatte Worte lockern die Tugend. Hältst du im Kleinen nicht aus, so gehen große Pläne zugrunde.

Menschen mit großer Tugend überschreiten nicht die Richtlinien. Menschen mit kleiner Tugend gehen zuweilen aus und ein.

Sich an seine geistigen Anlagen klammern, ohne sie zu erweitern; an die Wahrheit glauben, ohne sich an ihr zu erwärmen; wie kann ein solcher glauben, er hätte die Wahrheit? Oder kann er glauben, daß er sie nicht hat?

Der Wert der Tugend liegt darin, daß man sich an sie klammert. Erweitert man sie aber nicht, so wird man zu einem engstirnigen Menschen. Der Wert der Wahrheit liegt darin, daß man an sie glaubt. Können wir uns aber nicht an ihr erwärmen, so sinkt die Wahrheit auf die Stufe einer Straßenwahrheit herab. Erweitert man die Tugend, an die man glaubt, so ist man auf dem besten Wege, ein edler Mensch zu werden. Andernfalls wird die Tugend, auch bei einem vorübergehend mutigen Ansatz, niemals zu unserm eigenen Ich, und schließlich erlischt sie ganz in unserm Herzen.

Daß man tugendhafte Anlagen nicht ausbildet, daß man Gelerntes nicht bespricht, daß man, obwohl die Pflicht bekannt ist, ihr nicht folgt, daß man Laster nicht ausmerzt, das alles sind Dinge, die mich grämen.

Der Weise lenkt sein Denken auf den tugendhaften Wandel, der Gemeine auf irdisches Glück. Der Weise bejaht das Gesetz, der Gemeine die Gunst.

Erschöpfst du dein Herz bis auf den Grund, so erkennst du sein innerstes Wesen. Erkennst du sein innerstes Wesen, so siehst du in ihm sein Erbgut des Himmels. Bejahst du dieses Herz und pflegst du sein Wesen, so dienst du damit dem Himmel. Ungeachtet, ob dir ein kurzes oder ein langes Leben beschieden ist, bildest du dein eigenes Ich, und siehst du dem Willen des Himmels entgegen, so verwirklichst du in dir den Willen des Himmels.

Es gibt nichts, was nicht im Willen des Himmels beschlossen ist. Folgst du ihm, so empfängst du seine Gerechtigkeit. Wer seinen Willen erkennt, stellt sich nicht unter eine umstürzende Mauer. Gehst du getreu den von ihm vorgezeigten Weg, und stirbst du dann, so war dies sein vorherbestimmter Wille. Stirbst du in Fesseln, so ist dies nicht sein Wille.

Suche ich es auf, so werde ich es finden. Werfe ich es fort, so werde ich es verlieren. In diesem Aufsuchen und Finden liegt dein Gewinn, das heißt den Himmelsadel in dir finden. In diesem Suchen liegt der *Weg,* und in dem Finden offenbart sich der Wille des Himmels. Aus dem Suchen erwächst dir kein Gewinn, suchst du es draußen.

Wem der Himmel eine große Aufgabe zugedacht hat, dessen Herz und Willen zermürbt er erst einmal durch Leid. Seine Nerven und Knochen belegt er mit Mühsal, sein Fleisch läßt er hungern, und stößt ihn hinab in Bedrängnis und Armut. Er verwirrt seine Pläne und vernichtet sie. So macht er seinen Geist sehend, stärkt sein Wesen in Geduld, und bereichert ihn in dem, was er selbst nicht vermag. Er muß erst in tiefe Bedrängnis geraten und ratlos nicht mehr aus und ein wissen, um sich dann wieder zu erheben. Die Wahrheit muß sich ihm offenbaren in dem, was er sieht; sie muß in ihm ertönen, in dem, was er hört, sonst versteht er sie nicht.

Ein Volk, das im Innern nicht über mächtige

Geschlechter und kraftvolle Charaktere verfügt und draußen nicht von feindlichen Völkern bedrängt ist, wird in sich zugrunde gehen. Hieraus erkennen wir, daß das Leben in Trauer und Schmerzen geboren wird und in Behaglichkeit und Lust stirbt.

Der edle Mensch empfindet vor drei Dingen Ehrfurcht: dem Willen des Himmels, großen Männern, und den Worten der Heiligen.
Der Gemeine kennt nicht den Willen des Himmels und empfindet deshalb keine Ehrfurcht vor ihm; er beobachtet die großen Männer nicht und verachtet die Worte der Heiligen.

Wer den Willen des Himmels nicht kennt, aus dem wird nie ein Edler.
Wer die Schicklichkeit nicht kennt, der kann nicht stehen.
Wer die Worte des Menschen nicht kennt, der kennt auch nicht die Menschen.

Wort und Tat

Der Meister sprach: »Ich möchte nichts reden.«
Dsi Gung fragte ihn: »Wenn der Meister nichts redet, was sollen wir denn aufschreiben?«
Der Meister: »Redet etwa der Himmel? Gehen die vier

Jahreszeiten nicht ihren Gang? Und erzeugen sie nicht die Natur? Redet etwa der Himmel?«

Der tugendhafte Mensch findet bestimmt auch das rechte Wort. Wer aber in seinen Reden geschickt ist, besitzt noch lange keine Tugendhaftigkeit.
Der Menschenliebende hat bestimmt auch Mut; der Mutige ist aber noch lange nicht menschenliebend.

Rede nicht von dir mit guten Worten, und sprich nicht über andere mit schlechten Worten.

Der Edle schämt sich, wenn seine Worte seine Taten übertreffen.

Sü Dsi sprach: »Kungfutse pries sehr oft das Wasser, indem er sagte: das Wasser, das Wasser! Was hat ihn so zu dem Wasser hingezogen?«
Mengtse antwortete: »Das Wasser sprudelt plätschernd Tag und Nacht ohne Aufhören aus seiner Quelle, füllt erst jede Vertiefung, bevor es weiterfließt ins weite Meer. Ein Charakter, der einen Ursprung hat, gleicht diesem Wasser. Deshalb hat dieses Gleichnis den Meister so angezogen. Wo kein Ursprung ist, da sammelt sich wohl im Juli und August der Regen, es füllen sich die Gräben und Kanäle der Felder, aber du kannst dabei stehenbleiben und warten, bis sich das Wasser wieder verlaufen hat und alles wieder trocken ist. So schämt sich ein edler Mensch, wenn sein Ruhm seine Leistungen übertrifft.«

Wer in seinen Worten kein Schamgefühl kennt, wird sie auch nicht ausführen.

Wer ohne Schamgefühl den Mund zu voll nimmt, hat gar nicht die Absicht, seine Worte in die Tat umzusetzen. Sollte er ohne Abschätzung der Realitäten gewillt sein, seine Worte zu verwirklichen, sieht er sich da nicht den größten Schwierigkeiten gegenüber?

Der edle Mensch erhebt den Menschen nicht nach seinen Worten und verwirft auf Grund der Menschen nicht ihre Worte.

Spricht man nicht mit einem Menschen, mit dem es sich lohnt, zu sprechen, so hat man einen Menschen verloren.

Spricht man mit einem Menschen, mit dem man besser nicht gesprochen hätte, so hat man seine Worte verloren.
Ein weiser Mensch verliert weder einen Menschen noch ein Wort.

In einem geordneten Lande kann man in seinen Worten herausfordernd und kühn sein; ist das Land aber moralisch zerrüttet, sei in deinen Taten mutig, in deinen Worten aber zurückhaltend.

Im Gespräch mit einem älteren Herrn gibt es drei Vergehen:

Ohne von deinem Gegenüber angesprochen zu sein, losplappern, ist vorlaut;
nicht antworten, wenn sein Wort an dich gerichtet ist, das ist unaufrichtig;
zu reden, ehe man seine Miene betrachtet hat, das ist töricht.

Der Weise will in seinen Worten behutsam und in seinen Taten schnell und geschickt sein.

Behutsamkeit und Entschlossenheit sind zwar zum Teil Naturanlagen, sie können aber auch erlernt werden. Neigt die Zunge zum Schwätzen, so wird Behutsamkeit sie zügeln; bist du im Handeln schwerfällig, kann Entschlossenheit dich zur schnellen Tat anspornen. Es hängt von dir selbst ab.

Die Alten behüteten sorgsam ihren Mund; sie betrachteten es als Scham, wenn ihre Taten später kamen als ihre Worte.

Das Wort berücksichtigt die Tat, die Tat berücksichtigt das Wort.

Der Mund ist wie ein Tor und die Zunge wie ein Mechanismus. Treffen die Worte nicht ihr Ziel, so können vier Pferde sie nicht mehr einholen. Der Mund ist ein Tor, die Zunge eine Waffe. Treffen die Worte nicht, so verletzt man sich selbst. Sind die Worte dem Munde entflohen, so läßt sich ihre Wirkung beim anderen nicht eindämmen. Die Taten gehen von dir aus, man kann sie nicht in der Ferne anhalten. Worte und Taten sind der Angelpunkt im Menschen, der edel ist. Nachdem sie in Erscheinung getreten, werden sie zum Ursprung des Ruhmes oder der Schande. Muß man deshalb nicht auf sich achtgeben? Einst sagte Kuai Tse-yü: »Worte gleichen abgeschossenen Pfeilen. Hat die Kerbe die Sehne verlassen, so nützt auch die Reue nichts, um den Pfeil wieder einzuholen.«

Der Zweck der Rede liegt darin, sich verständlich zu machen.

Um ein umfassendes Wissen klar darzulegen, muß man dazu fähig sein, sich kurz und treffend auszudrücken.

Dsi Gung fragte den Meister nach dem Wesen eines edlen Menschen. Der Meister: »Setze das, was du zu sagen gedenkst, erst in die Tat um, und dann richte dich in deinen Worten danach.«

Für einen Edlen genügt ein Wort, um als wissend zu erscheinen, und ein Wort, um als unwissend zu erscheinen. Deshalb kann man in seinen Worten nicht vorsichtig genug sein.

Den ganzen Tag mit Gleichgesinnten zusammenhokken, und nicht ein einziges Wort über die Pflicht reden, sondern Weisheiten von Nasenlänge ausklügeln! Wie sollen solche Menschen dem Unheil entgehen!

Dsi Dschang fragte den Meister: »Was muß man tun, um in der Welt gebraucht zu werden?«
Der Meister antwortete: »Bist du in deinen Worten gewissenhaft und wahr, in deinen Taten eifrig und ehrerbietig, so wirst du überall gebraucht werden, ob du dich im Norden oder Süden aufhältst. Bist du aber in deinen Worten unzuverlässig und unwahr, in deinen Taten nicht eifrig und unehrbietig, wirst du auch in deiner nächsten Umgebung nicht gebraucht werden.«

Fehler

Die Verfehlungen eines edlen Menschen gleichen den Verfinsterungen von Sonne und Mond. Fehlt er, so sehen es alle Menschen; macht er seinen Fehler wieder gut, so schauen alle wieder zu ihm auf.

Der gemeine Mensch verziert seine Fehler.

Fehlen und sich nicht bessern, das heiße ich erst fehlen.

Die Herren der alten Welt fehlten, aber sie besserten sich. Die Herren der neuen Welt fehlen, aber sie verherrlichen ihre Fehler. Fehlten die Herren der alten Welt, so war es wie Sonnen- und Mondfinsternis, alle Menschen sahen ihre Fehler. Aber nachdem sie sich gebessert hatten, sah das Volk wieder zu ihnen empor. Die Herren der neuen Zeit fühlen sich nicht nur wohl in ihren Fehlern, sie verteidigen sie sogar noch.

Da ist jemand, der stiehlt seinem Nachbarn täglich ein Huhn. Sein Freund stellt ihn zur Rede: »Das ist aber nicht der richtige Weg eines edlen Menschen!« Der Erstere erwidert: »Ja, gut, ich will es einschränken und von nun ab jeden Monat einmal ein Huhn stehlen, dann warte ich bis zum nächsten Jahr ab, um es dann ganz bleiben zu lassen.« Erkenne ich, daß ich nicht auf dem rechten Wege bin, so muß ich mich sofort bessern und nicht bis zum nächsten Jahr warten.

Der Edle stellt seine Anforderungen an sich selbst, der Gemeine an andere.

Es ist zum verzweifeln! Ich habe noch niemanden gefunden, der seine Fehler sehen und sich selbst zur Rechenschaft ziehen würde.

Die Fehler eines jeden Menschen sind in dem Verhältnis zu seinem Nebenmenschen begründet. In diesen Fehlern erkennt man den Grad seiner Menschenliebe.

Wer unterläßt, was nicht unterlassen werden darf, unterläßt alles. Wer Bedeutendes als unbedeutend ansieht, für den gibt es nichts, was nicht unbedeutend wäre. Wer im Vorwärtsstürmen zu heftig ist, hat es beim Rückzug eilig.

Fan Tschi fragte den Meister, wie man sein sittliches Wesen bilden, die geheimen Fehler in Schach halten, und die Zweifel aufklären könne.

Der Meister antwortete: »Wahrhaftig eine gute Frage. Erst die Arbeit und dann der Genuß. Erhöht man dadurch nicht seinen sittlichen Ernst?
Seinen eigenen Fehler bekämpfen und nicht die des Nächsten. Hält man dadurch nicht seine geheimen Fehler in Schach? Um den Groll eines Morgens willen sein eigenes Ich vergessen und seinen Groll über die Angehörigen entladen, zeugt das nicht vom Dunkel des Geistes?«

Reichtum und Armut

Gewöhnlicher Reis als Nahrung, ein Schluck Wasser als Trunk, den gebogenen Arm als Kissen: auch dabei kann man fröhlich sein. Ungerecht erworbener Reichtum ist für mich nicht mehr als dahinziehende Wolken.

Reichtum und Ansehen sind das, was sich die Menschen wünschen. Fallen sie einem aber unverdienterweise in den Schoß, so soll man sich nicht an sie klammern. Armut und Niedrigkeit sind Dinge, welche die Menschen hassen. Gerät man aber ohne sein Zutun in sie hinein, so soll man nicht danach streben, sie von sich abzuschütteln. Verläßt jemand den Weg der Menschenliebe, wie soll er sich da einen Namen machen? Der Edle verläßt auch nicht für die Dauer einer Mahlzeit den Weg der Menschenliebe. In Bedrängnis wie in nebensächlichen Dingen bleibt er sich treu. Auch wenn er zu erliegen droht, er steht fest.

Ein edler Mensch steht in der Not fest, der Gemeine empört sich.

Männer von Tugend, Klugheit, Tüchtigkeit und Weisheit leben lange in Not, in Elend. Die von ihren Herren verlassenen Diener und die von ihren Eltern vernachlässigten Söhne, ihr Herz kommt vor lauter Gefahren nicht zur Ruhe, und tiefe Sorge begleitet sie den ganzen Tag: hierin liegt aber der Grund, daß sie tüchtige Männer werden.

Arm sein ohne zu grollen, ist schwer; reich sein ohne übermütig zu sein, ist leicht.

Verschwendung führt zur Unbotmäßigkeit, Sparsamkeit zur Engherzigkeit. Besser als Unbotmäßigkeit ist immerhin noch die Engherzigkeit.

Der edle Mensch trachtet nach dem rechten Wege und nicht nach Schlemmerei. Auch trotz der Bearbeitung der Felder kann Hungersnot auftreten. Auch im Lernen findet sich Gewinn. Der Edle sorgt sich um die Wahrheit und trauert nicht um die Armut.

Dsi Gung fragte den Meister: »Arm sein und doch nicht schmeicheln, reich sein und doch nicht hochmütig sein, was hältst du davon?«

Der Meister erwiderte: »Es ist sicher nicht schlecht. Jedoch kommt es dem nicht gleich: Arm sein und doch Freude an der Wahrheit haben; reich sein und doch die Formen der Schicklichkeit lieben.«

Der Charakter eines edlen Menschen

Wenn die kalte Jahreszeit eintritt, dann erst merkt man, daß die Föhren und Lebensbäume immer grün sind.

Lebt ein gewöhnlicher Mensch in normalen Zeiten, so unterscheidet er sich nicht im geringsten von dem Charakter eines edlen Menschen. Jedoch im Kampf um Vorteil oder Nachteil, vor allem im Unglück offenbart sich die Charakterfestigkeit des Edlen und die Schwäche des Gewöhnlichen.

Der edle Mensch ist vornehm ohne Rang, reich ohne Schätze; er findet Glauben, ohne zu reden; er hat Würde, ohne zu zürnen; er besitzt Ruhm, auch wenn er in Not ist; er ist voller Freude, auch wenn er in Not ist; er ist voller Freude, auch wenn er allein ist.

Ach, manches keimt, was nicht zum Blühen kommt! und manches blüht, was nicht zur Reife kommt!

Der Edle ist kein Gerät.

Man kann einen Stein nehmen und ihn zertrümmern, aber die Härte kann man ihm nicht nehmen. Man kann Zinnober zerreiben, aber das Rot kann man ihm nicht nehmen; denn Härte und Rot liegen im Charakter begründet. Den Charakter schenkt uns der Himmel, wir können ihn uns nicht nach Belieben auswählen. Ein Edler besitzt Selbstbewußtsein und läßt sich nicht durch den Schweiß des Schlechten besudeln.

Nur die höchsten Weisen und die größten Narren stehen unverändert.

An einem Roß rühmt man nicht die Stärke sondern den Charakter.

Der Edle schätzt seine eigene Kraft und erwartet nichts vom Himmel. Deshalb schreitet er Tag für Tag voran. Der Gemeine vernachlässigt das, was in ihm ist und hängt sich an die Hilfe des Himmels. Deshalb schreitet er Tag für Tag zurück. Besser als den Himmel zu preisen, verwirkliche in dir den Willen des Himmels und vervollkommne dich. Besser als die günstige Zeit zu ersehnen und sie abzuwarten, handle der Zeit gemäß und benütze sie sofort.

Dort, wo ein Weiser wohnt, kann die Unkultur nicht wuchern.

Man kann drei Armeen ihren General gefangen nehmen, einem Mann aber nicht seinen Willen rauben.

Der Wille ist der Förderer der Lebenskraft und die Lebenskraft die Fülle des Körpers. Der Wille steckt das Ziel, und die Lebenskraft folgt nach. Deshalb heißt es: »Bleibe fest in deinem Willen und mißbrauche deine Lebenskraft nicht!«
Der Jünger fragte: »Was heißt: *Bleibe fest in deinem Willen und mißbrauche nicht deine Lebenskraft,* und ferner: *Der Wille steckt das Ziel und die Lebenskraft folgt nach?*«
Mong Dsi erwiderte: »Ist der Wille in sich eins, so bewegt er die Lebenskraft. Ist die Lebenskraft in sich eins, so bewegt sie den Willen. So ist ein stolperndes Laufen ein Zeichen von Lebenskraft, jedoch wirkt es zurück und erregt das Gemüt.«
Abermals fragte der Jünger: »Worin bist du überlegen?«
Mong Dsi erwiderte: »Ich verstehe die Worte der Menschen und pflege meine übersprudelnde Lebenskraft.«

Der Jünger fragte: »Was verstehst du unter übersprudelnder Lebenskraft?«
Mong Dsi antwortete ihm: »Das ist schwer zu erklären. Lebenskraft ist etwas höchst Erhabenes und höchst Gewaltiges! Pflegt man sie durch Gradheit und schädigt man sie nicht, so füllt sie Himmel und Erde aus. Ohne diese beiden geht die Lebenskraft zugrunde. Sie erwächst aus dauernder Pflichterfüllung und kann nicht durch eine Handlung erworben werden. Fühlt sich das Herz beim Handeln nicht wohl, so siecht es dahin. Vergesse nicht das Ziel in deinem Herzen! Helfe dem Wachstum nicht nach! Mache es nicht, wie ein Mann aus Sung. Diesen betrübte es, daß seine Saat nicht wuchs. So ging er hin und zog sie in die Höhe. Gedankenlos ging er nach Hause und meinte: »Heute bin ich aber müde geworden. Ich habe der Saat in ihrem Wuchs nachgeholfen.« Sein Sohn lief zum Feld, und was sah er? Die Saat war welk.
Es gibt wenig Leute in der Welt, die der Saat in ihrem Wachstum nicht helfen wollen. Es gibt Leute, die mit dem Gedanken, es helfe doch nichts, sich nicht darum kümmern. Sie gleichen denen, die die Saat nicht vom Unkraut trennen. Wer aber der Saat beim Wachstum nachhelfen will, nützt ihr nur nichts, sondern fügt ihr überdies noch Schaden zu.

Der Unterschied zwischen Menschen und Tieren ist nicht groß. Die Masse übersieht ihn, und der Edle bewahrt ihn.

Äußere Würde gepaart mit innerer Schwäche gleicht einem Menschen oder einem Dieb, der die Wand durchbohrt oder über den Zaun steigt.

Der edle Mensch erscheint in dreifachem Gewande: Von weitem erscheint er streng und würdevoll, im Verkehr ist er lauter Güte, aus seinen Worten spricht Festigkeit.

Der edle Mensch lenkt seine Aufmerksamkeit auf neun Dinge. Beim Sehen denkt er an Klarheit, beim Hören an Deutlichkeit, aus seinen Mienen strahlt Wärme, aus seinem Benehmen spricht Würde, in seinen Worten ist er aufrichtig und in seinen Handlungen gewissenhaft, im Zweifel frägt er, im Zorn fürchtet er die schwerwiegenden Folgen, und bemißt im Empfangen die Pflicht.

Der Edle ist gesetzt und verabscheut den Hochmut. Der Gemeine ist überheblich und kennt kein Maß.

Der Edle ist friedliebend und selbständig, der Gemeine unselbständig und zänkisch.

Der edle Charakter kennzeichnet sich durch Weitblick und Großzügigkeit. Der gemeine Charakter ist kleinlich und bemißt alles aus seiner engen Perspektive.
Wer nicht die Zukunft berücksichtigt, den trifft in der Gegenwart Kummer.

Siehst du einen Weisen, so strebe danach, ihm gleichzukommen; begegnest du einem Toren, so gehe in dich und prüfe dich selbst.

Ich überprüfe täglich immer und immer wieder mein eigenes Ich: Habe ich für andere planend die innere Verbundenheit gepflegt? War ich im Verkehr mit meinen Freunden aufrichtig?
Habe ich das, was ich gelernt, auch in die Tat umgesetzt?

Sich den ganzen Tag satt essen und sein Herz mit nichts beschäftigen, das ist fürchterlich. Es gibt doch noch Schach und Damebrett. So etwas zu spielen ist immerhin noch vernünftiger!

So ist der Gang im Menschenleben: haben sie genügend zu essen, reichlich warme Kleidung und eine behagliche Wohnung, aber keine Unterweisung, so werden sie wie die Tiere.

Die Leute aus dem Süden haben ein Sprichwort: »Ein unbeständiger Mensch ist nicht fähig, Zauberei und Heilkunst zu betreiben.« Wahrhaftig, ein gutes Wort. Wer in seinem Charakter nicht beständig ist, zieht sich Beschämung zu (Yi-king).

Nicht soll es mich kümmern, daß die Leute mich nicht kennen. Ich mache mir Sorge, daß ich nichts kann.

Bauen wir zum Beispiel einen Berg, an dem der letzte Korb Erde fehlt; hört man beim letzten Korb auf, so bedeutet das für mich einen Stillstand.
Wir ebnen ein Stück Erde. Vollendet sich die Arbeit durch das Umstülpen des letzten Korbes, so bedeutet das für mich einen Fortschritt.

Bist du nicht in kleinen Dingen gewissenhaft, so wird in der Folge dein Ich in großen Dingen Schaden nehmen. Häuft man einen Hügel von neun Faden Höhe auf, kann unter Umständen das Werk unvollendet bleiben aus Mangel an einem Korb Erde.

Beim Handeln geht es wie beim Graben eines Brunnens. Hört man beim Graben nach neun Klafter Tiefe auf, ohne die Quelle zu finden, gilt die Arbeit am Brunnen als vertan.

Jan Kiu sprach zum Meister: »Ich schätze bestimmt des Meisters Lehre, aber mir reicht die Kraft nicht aus.«
Der Meister erwiderte ihm: »Reicht die Kraft nicht aus, so gibt man sich auf halbem Wege auf. Aber du umschreibst ja selbst von Anfang an deine Grenzen!«

Gung-Sun Tschou fragte den Meister: »Der Weg zur Wahrheit ist schön aber steil, als wollte man in den Himmel hinaufsteigen, gleichsam nie erreichbar. Weshalb plant man nicht einen leichteren, gangbaren Weg und eifert dann die Leute von Tag zu Tag an? Mong Dsi erwiderte: »Ein Handwerksmeister schafft wegen einem ungeschickten Lehrling Lot und Richtfaden nicht ab. Ein Meister des Bogens ändert für einen schlechten Schützen nicht die Gesetze des Bogenschießens. Der Meister spannt den Bogen, schießt den Pfeil aber nicht ab. Er zeigt, wie man es macht. Er steht in der Mitte des *Weges*, und wer ihm folgen kann, der folgt ihm.

Ein edler Mensch beherzige drei Warnungen.
In der Jugendzeit, in der deine Kräfte noch nicht ausgeglichen sind, lockt die Sinnlichkeit.
Im Mannesalter, in dem die Lebenskräfte in voller Blüte gefestigt sind, reizt der Streit.

Im Alter, wenn die Kräfte dahinschwinden, kommt die Habsucht.

Wer aus der Sucht nach Gewinn handelt, erntet viel Groll.

Sieh in der Gerechtigkeit deinen Gewinn.

In führender Stellung ohne Großmut; Schicklichkeit ohne Ehrfurcht, ein Trauerfall ohne ernste Trauer; so etwas kann ich nicht mit ansehen.

Ist ein edler Mensch nicht gesetzt, so besitzt er keine Würde, und sein Lernen ist oberflächlich.

Der Edle ist geschickt in hohen Dingen, der Gemeine in niedrigen.

Der Zimmermann und der Wagner können einem Lehrling zwar den Zirkel und das Richtmaß in die Hand geben. Die Fertigkeit können sie ihm nicht geben.

Drei Freuden bringen Segen und drei erzeugen Leid. Freude an der Selbstbeherrschung durch Schicklichkeit und Kunst; Freude, über den Menschen Gutes reden zu können; Freude an vielen weisen Freunden: diese Freuden bringen dir Gewinn.
Freude am Luxus, Freude am eigenwilligen Sich-gehen-lassen, Freude an Wein und Weib: diese Freuden erzeugen Leid.

Dsi Gung fragte den Meister: »Kennt ein edler Mensch Haß?«
Der Meister erwiderte ihm: »Der edle Mensch kann hassen. Er haßt diejenigen, welche über ihre Mitmenschen üble Nachrede verbreiten; er haßt die Leute in niedrigen Stellungen, die an ihren Vorgesetzten immer nur etwas auszusetzen haben; er haßt die Mutwilligen, die keine Schicklichkeit besitzen; er haßt die Draufgänger, die sich nicht von der Vernunft leiten lassen.
»Dsi, gibt es auch Menschen, die du hassest?«
Dsi Gung antwortete: »Ich hasse die Menschen, die gestohlenes Wissen als ihr eigenes Wissen ausgeben; ich hasse die Anmaßenden, die sich als mutig bezeich-

nen; ich hasse die Menschen, die ein Geheimnis ausplaudern und so etwas als Aufrichtigkeit darstellen.«

Glück im Beruf: Viel hören und das Zweifelhafte ausschließen, das Übrige mit Bedacht aussprechen: so vermeidet man den Tadel. Viel sehen und das Gefährliche übersehen, das Übrige mit Umsicht tun: so hat man nichts zu bereuen. Im Reden, dem kein Tadel folgt, im Handeln, das Reue fürchtet: in all diesen Dingen liegt das Glück im Beruf.

Wehe dem Menschen, der kein Schamgefühl kennt! Ohne Schamgefühl sein und sich schämen, das hat mit Schamgefühl nichts zu tun. Es ist wirklich etwas Erhabenes um das Schamgefühl im Menschen. Wer in Kunstgriffen und Ränkespielen gewandt ist, benötigt keine Scham. Wer sich nicht schämt, daß er einem edlen Menschen nicht gleichkommt, was hat der mit einem Menschen gemein?

Einen edlen Menschen erkennt man an Kleinigkeiten. Er kann sich an großen Aufgaben messen. Dem Gemeinen kann man keine großen Aufgaben übertragen, er offenbart sich in kleinen Dingen.

Wer nicht spricht: wie kann ich das machen, wie kann ich das machen, mit dem weiß ich nichts anzufangen.

Wer von sich selbst viel fordert, von andern aber wenig, der zieht sich keinen Groll zu.

Sein eigenes Feld liegen lassen und auf dem Felde anderer Unkraut jäten, erweckt Groll. So kommt es, wenn man von andern viel fordert, sich selbst aber nur eine geringe Bürde auferlegt.

Der Edle ist beherrscht und streitet nicht, er ist gefällig im Umgang und unparteiisch.

Der Weise ist in seinem Wesen ausgeglichen und großherzig, der Gemeine ist immer in sorgenvoller Aufregung.

Beobachte, was einer tut; forsche nach seinen Motiven; beachte, worin er seine Befriedigung findet; wie kann er da sein Wesen vertuschen?

Nichts offenbart besser das Innere des Menschen als das Auge. Das Auge kann die innere Schlechtigkeit nicht verbergen. Ist das Herz rechtschaffen, so ist das Auge klar. Ist das Herz unlauter, so hat das Auge keinen Glanz. Höre auf seine Worte, und schaue ihm in die Augen: wie kann ein Mensch sich da verbergen?

Wer den Gewinn sieht und doch sich von der Gerechtigkeit leiten läßt; der Gefahr ins Auge schaut und sich nicht scheut, sein Leben zu opfern; seine vor Jahren gemachten Versprechungen nicht vergißt, den kann man als ausgewachsenen Mann betrachten.

Der Gebildete ändert sich nicht, wenn er den Gewinn sieht, und im Unglück wechselt er seine Haltung nicht. Steht er fest in der Liebe, Ehrfurcht, Treue und Wahrhaftigkeit, so mag der Tod ihn bedrohen, er bereut es nicht. Ein eigennütziger Wissender kommt einem gerechten Toren nicht gleich. Heißt es doch: »Gewandt und falsch ist schlechter als dumm!«

Einem edlen Menschen zu dienen ist leicht, jedoch seine Hochschätzung erwerben, ist schwer. Bedient man sich hierzu nicht der Tugend, so erfreut man ihn nicht.
Der gemeine Mensch ist schwer zu behandeln, aber seine Gunst ist leicht zu gewinnen. Um ihn zu erfreuen, genügen schon unlautere Mittel. Im Dienst seiner Leute fordert er fast unmögliche Fertigkeiten.

Ein edler Mensch schaut streng auf den tugendhaften Wandel seiner Untergebenen, trotzdem hat er ein sehr verständnisvolles Herz für sie. Den gemeinen Menschen interessiert ein gediegener Charakter wenig. Er ist in seinen Forderungen übertrieben streng. Der edle Mensch freut sich über die Tugend seiner Untergebenen, der gemeine Mensch interessiert sich nur dafür, daß der Untergebene seinem Willen folgt. Der edle Mensch schätzt die Anlagen und Fähigkeiten und gebraucht sie im rechten Sinne. Unter seinem Regime sind unfähige Beamte unmöglich. Der gemeine Mensch schätzt die Anlagen und Fähigkeiten nicht besonders ein, er fordert nur die Erfüllung seines Willens. Folgerichtig sind unter seinem Regime fähige Beamte unmöglich.

Die durch Maß verlieren, sind selten.

Wenn der Vogel im Sterben liegt, so klingt seine Stimme klagend; sieht der Mensch dem Tode ins Auge, so spricht er gute Worte. Drei Leitsätze halte ein Edler in Ehren: in seiner Erscheinung und in seinem Handeln halte er sich fern von Roheit; er beherrsche seinen Gesichtsausdruck, damit er Vertrauen einflößt; in seinen Worten halte er sich fern von Gemeinheit und Gewöhnlichkeit.

Aus dem Shih-king, dem chinesischen Liederbuch,

gesammelt von Konfuzius, dem Deutschen angeeignet von Friedrich Rückert

Die Geister der Lieder

Vorspiel

»Wir Eingesperrten in der Nacht,
Wir eingefangnen armen Geister!
Wer lös't des starren Zaubers Macht,
Und sprengt den Kerker, welcher Meister?
Wir, hell von Klang und Glanz umflossen,
Beseelt aus Seelen einst ergossen,
Nun stummes Erz im dumpfen Schacht,
Der Lust, dem Licht verschlossen!«

»Wie mancher ist an diesem Ort
Unachtsam schon vorbeigegangen,
Und hat nicht den vergrabnen Hort
Geahnet, der hier liegt gefangen.
Und wirst auch du vorübergehen
Und nicht vernehmen unser Flehen,
So werden wir noch lang' hinfort
Zum Leben nicht erstehen.«

»O grabe doch und dring' herein,
Und laß nicht hart Gestein dich schrecken!
Entgegen leuchtet dir ein Schein,
Und bald wirst du ein Licht entdecken.

Entgegen tönet dir ein Klingen,
Das wird dich auf die Fährte bringen;
O hilf uns nur, wir ringen fein,
Hilf nur empor uns ringen!«

»Ein seltsam Tönen trifft mein Ohr,
Und will mich in Versuchung führen.
In meiner Hand ein schwankes Rohr
Zuckt auch und scheint Metall zu spüren.
Soll ich mit halbergrauten Haaren
Nochmals in neue Grube fahren,
Da aus den alten kaum hervor
Ich kam seit so viel Jahren?«

»Nein; in der Sprachen Bergbau hab'
Ich schon vom Leben gnug verloren;
Lebendig noch einmal in's Grab
Zu steigen, ist von mir verschworen.
Wenn ich wollt' eure Schlösser trennen,
Müßt' ich erst tausend Schlüssel kennen;
Nun weiß ich, und das hält mich ab,
Selbst einen nicht zu nennen.«

»Du hast den Schlüssel, brauch' ihn dreist,
Und laß die Tausend andern Meistern.
Und trauest du nicht deinem Geist,
So traue doch nur uns, den Geistern.
O fühle, mit dir welche Feen
Aus Eigennutz im Bunde seien;

Wir wollen, daß du uns befreist,
Drum wirst du uns befreien.«

»So vieler Sprachen Geister, die
Als wohlbekannte dich umringen,
Einmal dir helfen mögen sie
Auch eine unbekannte zwingen.
Ihr Geister auf des Himmels Zinnen,
Des Frühlings Geister und der Minnen,
Helft unserem Befreier hie,
Daß wir Gestalt gewinnen!«

»Triumph! der erste Funke sprang,
Und in ihm liegt die ganze Flamme;
Wie nur ein Blatt hervor sich rang,
Erwächst es gleich von selbst zum Stamme.
Du traust nicht deinem Aug' und Ohre:
Die Geister treten aus dem Flore,
Und wandeln hell mit Sang und Klang
Aus dem gesprengten Tore.«

»Und bin ich's nun, der euch befreit?
Ich streite nicht, wenn ihr nicht streitet.
Ihr aber seid es, ohne Streit,
Die mich von einem Wahn befreiet,
Vom Wahne, daß am gelben Flusse,
Am blauen Strom, von wo mit Gruße
Herwandelt euer Chorgeleit,
Nichts blühe zum Genusse.«

»Denn was in Schauspiel und Roman
Mir kam vom Wesen der Chinesen,
Das sprach mich doch auch gar nicht an,
Ich hab's, aufrichtig, nie gelesen.
Und jetzo seh' ich's um mich walten,
Sich glänzend einen Lenz entfalten,
Mir eine Neuwelt aufgetan
In der urält'sten alten.«

»Ich fühle, daß der Geist des Herrn,
Der redet in verschiednen Zungen,
Hat Völker, Zeiten, nah und fern,
Durchhaucht, durchleuchtet und durchdrungen.
Ob etwas herber oder reifer,
Ob etwas weicher oder steifer.
Ihr seid Gewächs' aus Einem Kern
Für meinen Liebeseifer.«

»Nicht ist der Liebe Morgenrot
Von China's Mauer ausgeschlossen;
Auch dort liebt Liebe bis in Tod,
Und treu bleibt Treue, selbst verstoßen;
Und alle starken Herzensbande
Um Kinder, Eltern und Verwandte,
Und Ahnen, hoch der Lebensnot
Entrückt zum Götterstande.«

»Der Mutter, die uns alle trug,
Der Erde pflegen sie und warten;
Der Kaiser selber lenkt den Pflug,

Und um ihn blüht des Reiches Garten.
Dann Landesnot und Kriegesjammer,
Verweinte Bräut' in öder Kammer;
Und Unmut, der die Saiten schlug,
Heiligen Zorns Entflammer.«

»Doch was manch Lied entwickelt, wie
Sollt' ich's auf einmal auf nun wiegeln?
Das Buch ist vor euch offen hie,
Und wer hineinschaut, mag sich spiegeln.
Mög' euch die schmeichelnde Gewöhnung
Befremden auch mit fremder Tönung,
Daß ihr erkennt: Weltpoesie
Allein ist Weltversöhnung.«

Hochzeitlieder

1.

Zwei, die nur vom Tod getrennten,
Die auf stiller Flut entlang,
Mann und Weib, zwei Spiegelenten,
Schweben unter Wechselsang!

Die Gefährtin reich an Tugend,
Reich an Anmut, Sitte, Zucht,

Die von Schönheit strahlt und Tugend,
Hat ein Kluger ausgesucht.

Viele Schilfe, kurz' und lange,
Schwanken hin und her im Wind,
Neigen sich des Wassers Drange,
Wo sie aufgewachsen sind.

Unsre Jungfrau zu gewinnen
Wünscht im Wachen und im Traum
Mancher, sich mit eitlem Sinnen
Wälzend auf des Lagers Raum.

Viele sie begehret hatten,
Einer brach die Blum' am Stiel.
Wie gefällig sie sich gatten!
Wie mit Trommel Glockenspiel.

2.

Ein hoher Baum auf *Nan* dem Berge steht,
Um den sich eine Blütenranke windet.
Wie lieblich sich's füget, wie schön es ergeht,
Wo Schönes mit Edlem sich findet und bindet.

Ein hoher Baum auf *Nan* dem Berge ragt,
Um den sich eine junge Ranke schlinget.
Wie hold es ergötzet, wie schön es behagt,
Wo, Hoheit zu fesseln, der Anmut gelinget.

Ein hoher Baum auf *Nan* dem Berge sprießt,
Um den sich eine zarte Winde schmieget.
O Seligkeit, die ihr Verbundnen genießt,
Von schmeichelnden Lüften des Glückes gewieget.

3.

Wie glänzt der Pfirsichbaum,
Wie strahlet seine Blüte!
Wie wird die edle Braut
Erfreun des Manns Gemüte.

Wie glänzt der Pfirsichbaum,
Wie reich ist seine Frucht!
Wie wird die edle Frau
Walten mit Fleiß und Zucht.

Wie glänzt der Pfirsichbaum,
Wie frisch von Duft und Schatten!
Wie wird die edle Braut
Erquicken ihren Gatten.

4.

Goldgeflügelte Zikaden,
Die ihr ziehet auf den Pfaden
Dieser Lüfte, welche klingen
Von der Regung eurer Schwingen!

Goldgeflügelte Zikaden,
Wohin zieht ihr eingeladen?
Zu dem schönsten Hochzeitfeste
Zieht ein Paar und seine Gäste.

Goldgeflügelte Zikaden,
Möget ihr im Taue baden!
Wonne wird den Fluren bringen
Die Bewegung eurer Schwingen.

Goldgeflügelte Zikaden!
Euch wird durch des Himmels Gnaden
Viel Nachkommenschaft entspringen,
Die euch gleicht an goldnen Schwingen.

Der Besuch der jungen Frau

1.

Eine Neuvermählte spricht zur Dienerin:
Laß es dir gesagt sein, daß ich Willens bin
Meinen Eltern den Besuch zu machen,
Rüste mir die besten Reisesachen!

Wasche, bleiche, plätte, nähe, sticke mir!
Hausgewand und Feierkleid beschicke mir.

Denn in allem Glanze, der mir eigen,
Will ich mich den lieben Eltern zeigen.

Füllen soll ihr stilles Haus mein Dienertroß,
Ihre Ställe jedes mir nun eigne Roß;
Daß sie heben froh die Augenbrauen,
Ihrer Tochter Reichtum anzustaunen.

Als Vermählte will ich gehn durch jenes Tal,
Spielen lassen meinen Schmuck im Sonnenstrahl,
Sehn, ob ich noch froh mag Blumen lesen,
Wie, da ihresgleichen ich gewesen.

2.

Von ihrer Eltern Hause ging
Die junge Frau ins Tal;
Wie zierlich ihr am Arme hing
Das Körbchen lang und schmal!

So zierlich ihr am Arme hing
Das Körbchen lang und schmal,
Darein sie an zu lesen fing
Blumen und Kraut im Tal.

Das Körbchen war zur Hälfte voll,
Als eine Träne lief,
Die Brust von einem Seufzer schwoll,
Die Jungvermählte rief:

Es kommt mir Jemand in den Sinn,
Der mir bewegt das Herz.
Sie warf am Weg die Blumen hin:
Fahr' wohl du Mädchenscherz!

Ihr Mägde, blicket mir, o seht,
Ob dort sich hebt kein Staub.
Ein Staub von meinem Gatten geht
Mir über Gras und Laub.

3.

Hat sie nicht den Fels erstiegen,
Späht sie nicht entgegen mir?
Ach, was muß mein Roß erliegen,
Das mich tragen soll zu ihr!
Einzuwiegen meine Sorgen,
Trink' ich eins aus goldnen Flaschen.
Statt dich heut zu überraschen,
Soll ich erst dich grüßen morgen.

Ist sie auf den Berg gestiegen,
Späht sie dort herab nach mir?
Ach, was kann mein Roß nicht fliegen!
Keine Sehnsucht spornt das Tier.
Zu besiegen meine Schmerzen,
Leer' ich dir die goldne Schale;
Siehst du's nicht im Abendstrahle,
O so fühl's in deinem Herzen.

Hat sie nicht das Dach bestiegen,
Um noch einmal hin zu sehn?
Schlummernde Gefährten liegen,
Und die müden Rosse stehn.
Könnt' ich fliegen, meine Wonne,
Mit dem Nachtwind durch die Strecken!
Schlafe wohl, ich will dich wecken
Morgen mit dem Strahl der Sonne.

Die unzugänglichen Schönheiten

Im Süderland auf einer Flur
Stehn Bäume schön von Zweigen;
Sie haben Zweig' am Gipfel nur,
Man kann hinan nicht steigen.

Am Ufer, das der *Han* bespült,
Lustwandeln schöne Frauen;
Es darf, wer Lust nach ihnen fühlt,
Sich nicht an sie getrauen.

Des Flusses Flut ist tief und breit,
Man kann hindurch nicht waten;
Ein Ufer ist vom andern weit,
Die Fahrt ist nicht zu raten.

Die Erwartende

Ihr Geschrille schrillt die Grille,
Und im Gras Grashüpfer hüpft.
Meine Sorge schweigt nicht stille,
Und mein Herz mir stets entschlüpft.
Ruhe wird mir wieder eigen,
Wenn du dich wirst wieder zeigen,
Dem mein Herz gehört zu eigen.

Auf den Berg bin ich gestiegen,
Mir zu sammeln Gras und Kraut.
Gräser, Kräuter blieben liegen,
Da ich nach dir ausgeschaut;
Sie verwelken, und mit ihnen
Welken traurig meine Mienen,
Weil der Freund mir nicht erschienen.

Auf den Berg bin ich geklommen,
Mir zu pflücken Blum' und Laub,
Doch die Blätter sind verkommen,
Und die Blüten all' sind taub.
Ob ich dir's zu sagen brauche?
Grünen werd' ich gleich dem Strauche,
Wenn du kehrst im Frühlingshauche.

Lied der Pflanzenleserinnen

Wir lesen das Kraut Fiu=Y.
Kommt, lesen wir, lesen wir ein!
Wir lesen das Kraut Fiu=Y.
Kommt, suchen wir, suchen wir fein!

Wir lesen das Kraut Fiu=Y.
Kommt, bücken wir, bücken wir uns!
Wir lesen das Kraut Fiu=Y.
Kommt, pflücken wir, pflücket mit uns!

Wir lesen das Kraut Fiu=Y.
O hebet, o hebt nur den Saum!
Wir lesen das Kraut Fiu=Y.
Wo gebet, wo gebt ihr ihm Raum?

Wir lesen das Kraut Fiu=Y.
Wie fassen wir's, fassen wir's ein?
Wir lesen das Kraut Fiu=Y.
Hie lassen wir's, lassen wir's sein!

Lied der Holzhauerinnen

Drüben an dem Flusse Yu
Sind zu schau'n die Frauen,
Wie das Holz sie hauen,
Traurig singen sie dazu:

Mit des Königs Hofgesellen
Zogest du von deinen Schwellen;
Ungebührlich lässest du
Mich das Haus bestellen.

Drüben an dem Flusse Su
Sind die Frau'n zu schauen,
Holz vom Stamm sie hauen
Und die Reiser auch dazu:
Drüben über jenen Wellen
Ziehen unsre Hausgesellen,
Haben keine Zeit dazu
Uns das Holz zu fällen.

Drüben über Yu dem Fluß
Hauen Holz die Frauen:
Wißt ihr, was wir bauen?
Einen Käfig zum Verschluß.
Wenn du nur erst heimgekommen,
Zu gemeinschaftlichem Frommen
Mach' ich meinen Käfig zu,
Sollst mir nicht entkommen!

Phang, der Fisch, ist rot am Schwanz,
Und wie glühend Eisen
Glänzt das Schloß des Königs ganz;
Magst du dir es preisen!
Aber wenn ich's könnt' erzielen,
Wenn nach Wunsch die Lose fielen,
Sollte deines Herdes Glanz
Rötlich dich umspielen.

Ki=Ling das chinesische Einhorn

Das edle Tier Ki=Ling,
Ein Wunder nicht gering,
Ist wohl ein seltnes Ding.
Es trägt ein ehern Horn
An seiner Stirne vorn,
Stößt doch kein Tier im Zorn.
Es gehet nie geschaart,
Es gehet nie gepaart,
Ist einzig seiner Art.
O welches Wunder! von den schönen,
Von allen unsres Königs Söhnen
Ist jeder einzig ein Ki=Ling.

Das edle Tier Ki=Ling,
Das nie ein Jäger fing,
Ist wohl ein Wunderding.

Es trägt ein ehern Huf,
Doch nie sein Fußtritt schuf
Des Gräsleins Weheruf.
An seinem Leib vereint
Fünffache Farb' erscheint,
Daß man zu träumen meint.
O welches Wunder! von gesamten
Des Königstammes Angestammten
Ist jeder einzeln ein Ki=Ling.

Das edle Tier Ki=Ling,
Einzig im Weltenring,
Ist wohl ein Wunderding.
Es führet starken Schritt,
Tritt hart nicht auf damit,
Kein Wurm darunter litt.
Es hat des Rosses Kraft,
Des Lammes Eigenschaft,
Ein Tier so musterhaft.
Was kann das Wunder übertreffen?
Ein jeder von des Königs Neffen
In seiner Art ist ein Ki=Ling.

Die geräuschvollen Turteltauben

Hochzeitlied

In des Falken hohes Nest
Kommt ein Flug von Turteltauben;
Wird den Eintritt er erlauben?
Ja, es ist für ihn ein Fest.
Zu des hohen Schlosses Zinnen
Kommt die Braut mit frohen Sinnen
Im Geleit von hundert Dienerinnen.

In des Falken hohes Nest
Fliegt ein Heer von Turteltauben.
Wird er drohen oder schnauben?
Nein, er hält für sie ein Fest.
Unser Bräut'gam voll Behagen
Ziehet aus mit hundert Wagen,
Um die schöne Braut herumzutragen.

In des Falken stillem Nest
Ist der Sitz der Turteltauben,
Die dem Nest die Ruhe rauben
Durch ihr lautes Freudenfest.
Zu dem hochzeitlichen Schlosse
Kommt die Braut mit ihrem Trosse,
Vor und hinter ihr zweihundert Rosse.

Ruhige Anordnung

Wo man sammelt Fan das Kraut,
Dort die See'n sind's, die Teiche;
Aber dem es wird gebaut,
Ist Kong-Hiu, der Fürst, der reiche.

Einzusammeln Fan das Kraut,
Gehen wir zum feuchten Tale;
Der das heimgebrachte schaut,
Ist der Fürst im weiten Saale;

Wo er auf und nieder schreitet,
Ordnend uneilfertig still,
Daß man aus dem Kraut bereitet,
Was er draus bereitet will.

Mit geschmücktem Haare steht er
Von früh Morgens bis zur Nacht,
Und mit unverwirrtem geht er,
Wenn er alles sieht vollbracht.

Pflanzenopfer

Die Wasserpflanze Ping,
Und Tsao die Wasserpflanze;
Sie glänzet nicht gering,
Sie steht im vollen Glanze.

Die Wasserpflanze Ping,
Und Tsao die Wasserpflanze;
Sie stehn im vollen Glanze,
Wo ich sie suchen ging.

Wo an dem Fluß im Süden
Das Wasser überschwoll,
Wir pflücken ohn' Ermüden,
Bis unser Korb ist voll.

Der Korb ist voll geworden,
Der enge bis zum Rand,
Und der mit weiten Borden
Bis an die halbe Wand.

Zur frischen Pflanze schöpfen
Wir frisches Wasser auch.
Noch kocht's in reinen Töpfen,
Am Feuer ohne Rauch!

Und wenn nun sind vom Eppich
Die beiden Arten gar,

So breitet aus den Teppich,
Und bringt die Speise dar!

Wo breiten wir den Teppich
Von bunten Farben aus?
Wo stellen wir mit Eppich
Die Schüssel auf im Haus?

Da wo die offne Halle
hinab gen Süden schaut,
dort an dem Mauerwalle,
Der westwärts ist gebaut.

Dort wo vorübergehen
Im Sonn- und Mondenstrahl
Die Geister, um zu sehen
Das dargebotne Mahl.

Wer stehet – vor der Feier?
In würdiger Gestalt
Die Hausfrau mit dem Schleier,
Von Jahren nicht zu alt.

Wer spielet auf zur Feier
Mit sanftgedämpftem Ton?
Der Hausherr auf der Leier,
Und auf der Flöt' ein Sohn.

Der heilige Birnbaum

Dieser Birnbaum heißt Tang-Li,
O wie grünt er! sehet ihn und schonet,
Seine Zweige brechet nie!
Unter ihm hat Schao der Fürst gethronet.

Dieser Birnbaum schattendicht,
Nahet euch und ihm kein Leides tuet!
Bieget seine Blätter nicht!
Unter ihm hat Schao der Fürst geruhet.

Dieser Birnbaum, weithin webt
Sich sein Laubdach, blüh' es undurchbrochen!
Krümmet hier kein Läubchen, bebt!
Schao der Fürst hat hier einst Recht gesprochen.

Begegnung

Freiwerber und Freiwerberin,
Der eine her, der andre hin,
Sie treten sich im Weg entgegen.
Jedweder Teil geht an das Haus,
Von dem der andre gehet aus,
Und beide gehn desselben Handels wegen.

Freiwerber und Freiwerberin:
Wo gehst du her? wo gehst du hin?
Sie fragend in das Ohr sich raunen.
Mich sendet der, mich senden die;
Ich suche den, ich suche sie;
Erklären sie einander mit Erstaunen.

So gehn wir nun im Augenblick
Ein jeder seines Wegs zurück!
Die Zeit ist wert, das Werk ist wichtig.
Des Mädchens Eltern haben den,
Das Mädchen hat er ausersehn;
Was braucht es mehr? der Handel ist ja richtig.

Nun sage dort, nun melde da,
Wie es erging, wie es geschah;
Wie konnt' es schöner sich begegnen?
Schnell tauschen Sie die Gaben aus,
Und denken an den Hochzeitsschmaus;
Was so sich fügt, das muß der Himmel segnen.

Heimliche Brautwerbung

»Wer sagt wohl, daß dem Vögelein
Ein scharfer Schnabel fehlt?
In meine Kammer brach es ein,
Und hat mir was erzählt.

Was mag es sein?
Es sagt mir fein,
Daß mich zur Braut ein edler Jüngling wählt.«

»Wer sagt wohl, daß der kleinen Maus
Ein scharfer Zahn gebricht?
Gedrungen ist sie in mein Haus,
Erstattet mir Bericht:
Richt aus, richt aus
Den Hochzeitschmaus!
Ihr Kind versagen dir die Eltern nicht.«

Die Dringliche an ihre Freier

Alle Pflaumen sind vom Baum gefallen,
Und daran sind nur noch sieben;
Wer mich frei'n will von den Freiern allen,
Mög' er's nicht verschieben!

Alle Pflaumen sind vom Baum gefallen,
Nur noch drei sind dran geblieben;
Wer mich frei'n will von den Freiern allen,
Sei er angetrieben!

Alle Pflaumen sind vom Baum gefallen,
Wer wird in den Korb sie schieben?
Wer mich frei'n will von den Freiern allen,
Lass' es sich belieben!

Die Staatsboten-Frau

Südwärts rollt der Donner um den Berg Nan-Schan;
Wo verweilt der edle Mann?
Darf er nie im Hause ruhn?
Muß er immer das Geschäft des Kaisers tun?

Südwärts rollt der Donner um des Berges Haupt;
Ist ihm nie die Ruh erlaubt?
Gibt es keinen andern nun?
Muß er einzig das Geschäft des Kaisers tun?

Südwärts rollt der Donner um des Berges Fuß;
O vernähm' ich seinen Gruß!
Dürft' er mir am Herzen ruhn!
Doch er muß nun das Geschäft des Kaisers tun.

Hof-Pracht und Sparsamkeit

Im Gewand der Königsgnaden,
Ausgenäht mit Seidenfaden,
Gehn die Edlen, Tapfern, Weisen.
Wie sie schimmern reich und zierlich!
Wie manierlich, wie manierlich,
Gehn sie Abends heim, zu speisen!

Angestrahlt von königlicher
Huld, wie gehn sie leicht und sicher,
Schreitend aus des Hofes Kreisen.
Herrlich glänzt ihr Rock, ihr bunter;
O wie munter, o wie munter,
Eilen sie nach Haus, zu speisen!

Die bescheidnen wohlzufriednen
Mit dem ihnen zubeschiednen!
Ist der König nicht zu preisen?
Der am Tage sich von ihnen
Läßt bedienen, läßt bedienen,
Dann sie sendet heim, zu speisen!

Des Kaisers Oberpriestergewand

Den Kaiser sah ich beim Opfer stehn
Im priesterlichen Geschmeide.
Ich habe die ganze Welt gesehn
In unsers Kaisers Kleide.

Goldgestickt die Sonne zur rechten Hand,
Und silbern den Mond zur Linken;
Das weite himmelblaue Gewand
Besät mit Sterneblinken.

Und wie am Leibe den Himmelsraum,
Trägt er die Erd' auf dem Haupte,
Gewirkt an der Mütze Gras und Baum,
Daß man sie wachsen glaubte?

Wie sollte nicht wachsen Baum und Gras
Und welternährende Ähren
Vom Jahresopfer des Kaisers, das
Umwallen die himmlischen Sphären!

Nächtlicher Hofdienst

Blasser immer
    wird des Himmels Schimmer,
Nur fünf Sterne
    sind noch hell im Osten;
Doch von Zimmer
    wandeln wir zu Zimmer,
Möchten gerne
    und dürfen Ruh nicht kosten.
Diesen geht es gut, und jenen
Geht es schlimmer;
    wehe denen,
Welche wach in Sorgen nach dem Morgen,
    ach, sich sehnen!

Blasser immer
        wird des Himmels Schimmer,
Nur zwei Sterne
        sind noch hell im Osten;
Doch noch immer
        wandeln wir, noch immer,
Niemals ferne
        sind wir unserm Posten.
Diesen wird's so gut, und denen
Wird es nimmer;
        wohl ist's jenen,
Die nicht wach in Sorgen nach dem Morgen,
        ach, sich sehnen!

Die Krieger auf der Jagd

Die Netze sind gestellt,
Die Hasen drein zu jagen;
Es dröhnt der Wald und gellt
Von lautem Jagdbehagen.
Tapferer Krieger erlesene Gilde
Dienen dem Kaiser zu Mauer und Schilde.

Die Netze sind gespannt,
Die Hirsche einzufangen,
Die Jagdlust ist entbrannt,
Der Trieb ist angegangen.

Tapfere Krieger von Mute beseelet
Hat sich der Kaiser zu Freunden erwählet.

Die Netze sind gesteckt,
Man treibt das Wild zu Paaren.
O welche Lust erweckt
Der Anblick all der Scharen.
Tapfere Krieger, erprobte Soldaten,
Trefflich mit euch ist der Kaiser beraten.

Des Kaisers Jagdglück

Im Walde wachsen hoch und dicht die Reiser;
Getroffen von fünf Pfeilen sind fünf Eber.
Wer wollte nicht bewundern unsern Kaiser,
Der Jagdlust fröhlichen Beleber!

Im Walde wachsen hoch und dicht die Kräuter;
Fünf Keuler von fünf Pfeilen sind getroffen.
Wer priese nicht den mächtigen Erbeuter!
Wer dürft' ihn zu besiegen hoffen?

Liebesjagd

Die Hirsche sind geschossen,
Man hat sie zugedeckt mit frischen Sprossen.

Die Jungfrau sitzt und leuchtet
Im Grünen wie ein Stern;
Und wer sie sieht, dem deuchtet
Daß er sie hätte gern.

Die Hirsche sind geschossen,
Man hat sie zugedeckt mit frischen Sprossen.

Die Jungfrau glänzt im Grünen
Als wie ein Edelstein,
Es ladet alle kühnen
Schützen ihr Schimmer ein.

Die Hirsche sind geschossen,
Man hat sie zugedeckt mit frischen Sprossen.

Rühr an nicht meinen Schleier,
Sieh an nicht meinen Mund!
Reize nicht, schöner Freier,
Zum Bellen meinen Hund!

Schönes Alter

Der weiße Hirsch wird schwarz nach tausend Jahren,
Nach tausend und fünfhundert wieder weiß,
Und nach zwei tausend wieder schwarz von Haaren
Wo ist wie er ein Jüngling und ein Greis?

Das hohe Paar

Lieblich wie die Blüt' am Blütenbaume,
Windgeschaukelt, glanzbetaut,
Schwankt der Wagen, der im goldnen Raume
Trägt die junge Fürstenbraut.

Pfirsichblüt' und Aprikosenblüte,
Wie sie rot und weiß beisammen stehn,
Also ist die Schön' und Güte
Des vermählten Paars zu sehn.

Wie die Schnur, womit der Kaiser angelt,
Bunt aus Grün und Gold gedreht;
Keiner Huld die hohe Braut ermangelt,
Und der Bräut'gam keiner Majestät.

Die verabschiedete Dienerschaft

Kiang der Fluß hat seinen Strom geteilet
In zwei Arme, bis er schwach geworden,
Er besinnt sich, sammelt unverweilet
Wieder sich in seinen alten Borden.
Unsere Gebieterin
Hat geteilet ihren Sinn,
Will sich unsrer treuen
Dienste nicht mehr freuen;
Immerhin!
Immerhin!
Einst wird sie's gereuen.

Kiang der Fluß geteilt hat seine Wogen,
Eine Insel in den Arm genommen;
Wenn er um die Insel hergezogen,
Ist er wieder zu sich selbst gekommen.
Unsre edle Jungfrau hat
Angelegt den Hochzeitstaat,
Und dabei indessen
Ihr Gesind vergessen;
Ach zu spat,
Ach zu spat,
Wird sie's recht ermessen.

Kiang der Fluß geteilt hat sein Gewässer.
Leicht von Sinn ist sie und jung von Jahren.
Neue Dienerschaft gefällt ihr besser,

Uns nicht ladet sie mit ihr zu fahren.
Wie sie fährt im Sonnenstrahl
Fröhlich über Berg und Tal,
Singt in hellen Tönen,
Kann sich leicht entwöhnen!
Doch einmal,
Doch einmal
Wird sie auch wohl stöhnen.

Klage einer ungeliebten Gattin

Auf dem Wasser schwankt der Nachen,
Geht nicht wie und wo er will,
Sondern wie es treibt den schwachen,
Folget er und seufzet still.
Also fühl' ich mich getrieben
Von dem Manne, den ich lieben
Muß, wiewohl er kund mir gibt,
Daß er selber mich nicht liebt.

Soll ich's meinen Brüdern klagen,
Wie der Gatte mich verletzt?
Meine Brüder werden sagen:
Deines Gatten bist du jetzt.
Ach, den Brüdern ist entrissen
Und die Eltern muß vermissen

Eine arme, die den Mann,
Nicht den Freund in ihm, gewann.

Mein Gemüt ist nicht ein Spiegel
Offen lachend in den Tag,
Noch ein Stein, den man vom Hügel
Wälzen kann wohin man mag,
Noch ein Teppich, nach Behagen
Auf und wieder zuzuschlagen;
Nach der Richtschnur strenger Pflicht
Leb' ich, nur zu Dank ihm nicht.

Um das Los der armen Frauen
Klag' ich, nicht um meines bloß.
Auf ein lieblos Herz zu bauen
Herzenslieb', o hartes Los!
Die Verschmähte, die Gekränkte,
Schweigend in sich selbst Gesenkte,
Fühlt erwachend ihren Schmerz,
Und im Schlaf ihr wundes Herz.

Leuchtend wechseln Mond und Sonne
Golden silbernes Geschmeid,
Doch mein Gram mit keiner Wonne
Wechselnd, wechselt nur mit Leid.
Seh' ich gleich in Seufzerhauchen
ganz das Leben mir verrauchen,
Wird es doch so leicht kein Duft,
Zu verschwimmen in der Luft.

2.

Grün ist mein Obergewand,
Doch gelb mein Unterkleid.
Unter des Frühlings Tand'
Berg' ich des Herbstes Leid.

Grün ist mein Obergewand,
doch gelb ist mein Unterkleid.
Mein Herz steht in Schmerzensbrand.
Unter der Luft Geschmeid.

3.

Mond und Sonne strahlen Licht
Nach der ihnen zugewandten Erde.
Warum hegt mein Gatte nicht
Liebreich mich an seines Hauses Herde?
Nicht der Väter Sitten ehrend,
Und den Lauf der Welt verkehrend,
Meine Liebe hält er für Beschwerde.

Mond und Sonne geben Licht
Stets der Erde, die an ihnen hanget;
Doch der Gatte blicket nicht
Nach der Gattin, die nach ihm verlanget.
Kann mein Anblick ihn verdrießen,
Seine Augen zu verschließen
Vor der Liebe, die in meinen banget?

Mond und Sonne gehen auf
Jeden Tag von ihrem alten Orte.
Aber er hält nicht den Lauf
Der Natur und des Gesetzes Worte.
Nichts an ihm ist fest und ständig,
Und er macht mein Herz abwendig,
Umzuschaun nach einem andern Horte.

Mond und Sonn' erheben sich
Immer aus derselben Himmelsgegend.
Warum haben Eltern mich
Nicht bewahrt in ihrem Hause pflegend?
Haben mich vertraut dem Gatten,
Der kein Licht ist und kein Schatten,
Sondern schwankt verworrne Trüben hegend.

4.

Immer wehn die Winde.
Blickt er einmal nach mir her,
Ist's so ungelinde,
Daß es scheint als spottet er,
Und ich doppelt meinen Gram empfinde,
Ihn empfinde doppelt schwer.

Wenn die Winde wehen,
Wird die Luft von Staube voll.
Zu mir will er gehen
Und vergessen seinen Groll;

Auf des Weges Mitte bleibt er stehen,
Daß ich nur ihn sehen soll.

Wenn der Wind sich übet,
Wird bewölkt der Lüfte Hag;
Und mein Himmel trübet
Zweimal sich an Einem Tag.
Meine Seufzer, daß ihr fort mich hübet,
Da mich hier nichts trösten mag!

Das Geleite

Die Schwalbe fliegt bald hoch, bald tief.
Der Freundin hab' ich das Geleit gegeben;
Und wo ich stille stand, da lief
Ihr noch ein Strom von Tränen nach mit Beben.

Die Schwalbe fliegt bald tief, bald hoch;
Der Freundin gab ich seufzend das Geleite.
Und als ich still stand, eilte noch
Ihr nach mein letzter Seufzer in die Weite.

Die Schwalbe singt bald hoch, bald tief.
Der Freundin hab' ich das Geleit gegeben;
Ich stand, und sah ihr nach und rief,
So lang' ich konnte Aug' und Stimm erheben.

Der Heerflüchtige

Die Trommel ward gerührt tang tang,
Und jeder der sie hörte, sprang
Empor und schwang die Waffen.
Wie sie sich schwenken, wie sich drehn,
Als sollt' es auf die Feinde gehn!
Kein Feind ist mehr, doch hat das Heer zu schaffen.

Die Trommel ward gerührt tang tang,
Und jeder der sie hörte, sprang
Und stand auf seinem Posten.
Die einen schütten einen Wall,
Die andern kütten Mauern all;
Die neue Grenzstadt baut das Heer im Osten.

Die Trommel ward gerührt tang tang.
Dem Feldherrn Sun-Tsu-Tschong gelang
Ruh her im Land zu stellen.
Doch soll ich nicht der Müh entfliehn,
Doch darf ich nicht nach Hause ziehn,
Und mag nicht ziehn mit diesen Werkgesellen.

Ich ruht' am Stamm der Buchen,
Da ging mir durch mein Roß;
Und als ich's ging zu suchen,
Verlor ich mich vom Troß;
In diesem Walde groß

Verlor ich Steg und Bahn, dem Unstern muß ich fluchen.

Dir hab' ich einst geschworen,
Dich fassend bei der Hand:
Ich habe dich erkoren,
Nichts trennet unser Band.
Und nun im wilden Land
Bin ich von dir getrennt, du hast mich doch verloren.

Dir schwor ich bis zum Alter,
Und trank darauf den Wein,
Ein Schirmer und ein Walter,
Ein treuer Freund zu sein.
Und nun bist du allein,
Und klagest wohl mich an, des Wortes schlechte Halter.

Symbole

An des Hauses Pforte
Stellt sich rechts der Knecht,
Und am andern Orte
Links die Magd zurecht,
Harrend, bis es sich erweiset,
Welch Geschlecht
Die gebar, die jetzt im Hause kreiset.

Jedes hält ein Zeichen
Von Bedeutung schwer,
Die sich beide gleichen,
Ungleich doch so sehr.
Nämlich, den besehnten Bogen
Schwinget er,
Sie die Spindel weich mit Garn bezogen.

Wenn man auf die Windel
Legt ein Mägdelein,
Steckt die Magd die Spindel
An den Pfosten fein.
Nichts beschert ist einem Mädchen,
Als allein
Still zu spinnen seines Glückes Fädchen.

Ob sie Jungfrau bleibe,
Oder sei vermählt;
Schande jedem Weibe,
Der die Spindel fehlt!
Wenn der Kaiser sie zu seiner
Gattin wählt,
Spinne sie das Fädchen um so feiner.

Wenn das Glück gewogen
Einen Knaben schenkt,
Kühn wird Pfeil und Bogen
Vor dem Tor verschränkt.
Stets sei er zum ernsten Spiele
Hingelenkt,
Ob er niedriger ob höher ziele.

Welch Gerät berühren
Er noch sonst mag klug,
Ob die Feder führen
Oder ob den Pflug;
Führt er nicht auch Pfeil und Bogen
Gut genug,
Ist das Vaterland um ihn betrogen.

Unsre Pfeile müssen
Schwirren in der Luft,
Feinde scharf begrüßen,
Wo der Kaiser ruft,
Dann nach abgetanem Schrecken
Unter'm Duft
Schatt'ger Wälder Jagdlust ihm erwecken.

2.

So ist der heil'ge Bund geschlossen;
Des Opfertieres Blut,
Getrunken von den Bundsgenossen,
Sei Tau auf ihren Mut.
Und wer Verrat und Zwiespalt stifte,
Dem werde dieses Blut zu Gifte,
In seinen Adern Todesglut.

Kein heil'ger Brauch ist unterblieben;
Die Formel, die genannt
Den Namen Gottes, ward geschrieben,

Und am Altar verbrannt.
Wer dieses Bündnis wagt zu trennen,
Der soll als wie die Schrift verbrennen,
Durch die er schuldig sich bekannt.

3.

Der Kaiser schickt zwei Feldherrn und zwei Heere,
Und jedes zieht in Eil.
Was gibt dem einen Feldherrn er zur Wehre?
Den Bogen und den Pfeil:
Geh, schlage, die mir widerstreben!
Und wenn sie sich der Gnad' ergeben,
So sei die Gnad' ihr Teil.

Der Kaiser schickt zwei Feldherrn und zwei Heere,
Und beide ziehn in Eil.
Was gibt dem andern Feldherrn er zur Wehre?
Die Sichel und das Beil:
Du sollst die Frevler ganz ausrotten,
Die wagen meiner Macht zu spotten,
Es bleibt für sie kein Heil.

Bibliographische Notiz

Das Tschōng-Yông des Konfuzius wurde aus dem Chinesischen übersetzt von Reinhold von Plaenckner und erschien 1878 in Leipzig.

Das Ta-Hsio, Die hohe Lehre des Confucius oder Die Kunst, weise zu regieren, entstammt einem Beitrag gleichen Titels zur Kenntnis der Sprache und Kultur Chinas von Dr. Ludwig Harald Schütz und erschien 1909 in Frankfurt/M.

Die Passagen aus dem Lun-Yü finden sich in dem Buche »Die Goldene Mitte«, übersetzt von Friedrich Thiel, erschienen 1950 in Stuttgart.

Die Lieder aus dem Shih-King, gesammelt von Konfuzius, dem Deutschen angeeignet von Friedrich Rükkert, erschienen 1833 in Altona.

Von Konfuzius sind ferner lieferbar: Die Weisheit des Konfuzius, Frankfurt/M. o. J.

Kungfutse, Gespräche. Aus d. Chin. v. Ralf Moritz, Frankfurt/M. 1983.

Gespräche des Meisters, München 1985.

Gespräche (Lun-Yü), hrsg. u. übs. v. Richard Wilhelm, Köln 1982.

Sinnsprüche und Spruchweisheiten, München 1983.

Der Weg des Himmels und der Erde. Aus den Gesprächen. Heilbronn 1985.